初中语文阅读能力培养的研究

王迎春 著

图书在版编目（CIP）数据

初中语文阅读能力培养的研究 / 王迎春著. --
哈尔滨：哈尔滨出版社，2024.5
ISBN 978-7-5484-7938-3

Ⅰ.①初… Ⅱ.①王… Ⅲ.①阅读课-教学研究-初中 Ⅳ.①G633.332

中国国家版本馆CIP数据核字(2024)第110894号

书　　名：初中语文阅读能力培养的研究
CHUZHONG YUWEN YUEDU NENGLI PEIYANG DE YANJIU

作　　者：王迎春　著
责任编辑：孙　迪
排版设计：山东嘉誉

出版发行：哈尔滨出版社（Harbin Publishing House）
社　　址：哈尔滨市香坊区泰山路82-9号　　邮编：150090
经　　销：全国新华书店
印　　刷：北京虎彩文化传播有限公司
网　　址：www.hrbcbs.com
E-mail：hrbcbs@yeah.net
编辑版权热线：（0451）87900271　87900272
销售热线：（0451）87900202　87900203

开　　本：787mm×1092mm　1/16　印张：11.25　字数：220千字
版　　次：2024年5月第1版
印　　次：2024年5月第1次印刷
书　　号：ISBN 978-7-5484-7938-3
定　　价：68.00元

凡购本社图书发现印装错误，请与本社印制部联系调换。
服务热线：（0451）87900279

前 言 PREFACE

　　现代社会是一个信息量很大的社会。初中生能否在这些浩瀚如海的信息中快速搜寻到自己所需要的信息，并且对这些信息的是非、真假做出准确判断，就取决于他们的阅读能力。随着网络的发展，初中生所面临的信息源越来越多，这也对其遴选、鉴别、分析、总结等能力有着更高的要求。因此，如何激发初中生的阅读学习兴趣，使他们主动展开阅读学习，采用科学、有效的教学方法激活语文阅读课堂，也成为现代初中语文阅读教学的主要方向。

　　在语文教学中，阅读是重中之重，阅读教学成为提高学生语文素养的重要组成部分。语文阅读是学生获取知识、接受文化的主要途径，有利于开发学生的心智。重视学生的阅读，关系到学生以至整个社会的文化品质与持续发展的能力。阅读教学是初中语文教学的中心环节，是语文知识和其他知识全面综合运用的过程，是语言能力、思维能力及思想认识水平的综合反映。搞好阅读教学，对提高学生的听说读写能力，受到美的熏陶和思想品德教育有着举足轻重的作用。

　　然而让人遗憾的是，现在的初中语文阅读教学过于死板、机械，一些教师将阅读课堂当成讲解题目答案、传授语文知识的媒体，不重视初中生是否能够在阅读中学有所得、学以致用，忽视了这种阅读教学方式是否能够真正提升他们的语文素养、人文素养。鉴于此，在实际的教学活动中，初中语文教师必须要改变这一传统模式，激活语文阅读课堂，使阅读教学变得生动、形象、有趣，从而不断走向高效。

　　本书旨在研究初中生语文阅读能力的培养，全书共分为七个章节，内容分别包括中学生阅读与阅读教学多元特征，中学生阅读的常用方法详解，基于课文的各种阅读教学方法，基于课堂的不同文体阅读教学设计，新媒体环境下的初中语文阅读教学，整本书阅读与课堂阅读教学评价以及初中学生语文阅读能力的提升策略。语文的阅读能力是语文教学

初中语文阅读能力培养的研究

中的核心部分,是培养学生自主学习能力的有效途径,在语文阅读教学过程中,语文教师要以学生为本,引导学生主动发现问题并能解决问题,充分调动学生的自主性,使学生能够积极参与学习,认真思考学会质疑文本、探究事物本质、评判观点,批判性地吸收文本知识。

  本书立足于语文教学现实,结合语文教育理论与教学实践经验,以多维视角探究阅读教学实际。本书对提高初中语文教师的课堂教学质量有所助益,也可为广大一线中学教师提供参考。

  本书在撰写过程中,借鉴和参考了专家学者的研究成果,在此表示诚挚的谢意。此外,由于作者水平有限,书中难免存在一些疏漏之处,还请广大读者批评指正,以便本书臻于完善。

王迎春

2024年1月

目 录 CONTENTS

第一章 中学生阅读与阅读教学多元特征 ………………………………… 1
 第一节 中学生阅读简述 ………………………………………………… 1
 第二节 阅读教学的多样化特征 ………………………………………… 10

第二章 中学生阅读的常用方法详解 …………………………………… 17
 第一节 精读法 …………………………………………………………… 17
 第二节 略读法 …………………………………………………………… 22
 第三节 速读法 …………………………………………………………… 26
 第四节 研读法 …………………………………………………………… 34
 第五节 个性阅读法 ……………………………………………………… 41

第三章 基于课文的各种阅读教学方法 ………………………………… 46
 第一节 比较法阅读 ……………………………………………………… 47
 第二节 自主式阅读 ……………………………………………………… 49
 第三节 点拨法阅读 ……………………………………………………… 53
 第四节 创设情境阅读 …………………………………………………… 55

第四章 基于课堂的不同文体阅读教学设计 …………………………… 60
 第一节 说明文阅读教学设计与实施 …………………………………… 60
 第二节 议论文阅读教学设计与实施 …………………………………… 62
 第三节 小说阅读教学设计与实施 ……………………………………… 64
 第四节 诗歌阅读教学设计与实施 ……………………………………… 68

第五章　新媒体环境下的初中语文阅读教学 ········· 74
第一节　新媒体颠覆传统阅读模式 ········· 74
第二节　新媒体时代的多元阅读途径 ········· 78
第三节　新媒体环境下阅读教学的实施策略 ········· 101

第六章　整本书阅读与课堂阅读教学评价 ········· 104
第一节　整本书阅读方法与实施路径 ········· 104
第二节　课堂阅读教学评价体系的构建 ········· 117

第七章　初中学生语文阅读能力的提升策略 ········· 128
第一节　学生阅读能力培养的基本途径 ········· 128
第二节　加强学生阅读理解能力的培养策略 ········· 137
第三节　中学生阅读推广活动的策划与实施 ········· 149
第四节　课外阅读优秀图书助力中学生健康成长 ········· 157

参考文献 ········· 164

第一章

中学生阅读与阅读教学多元特征

第一节 中学生阅读简述

一、我国中学生阅读的发端与发展

中学生阶段是人生阅读的重要时期,此时人处于生理和心理的快速发展期,记忆力和理解力都是最强的。如何选择优秀的适合中学生阅读的读物以及进行阅读指导,对于中学生的成长至关重要。近代以来,随着新式教育的兴起,中学生阅读受到普遍重视。1932年发布的《中学生阅读参考图书目录(第一辑)》,内容以商务印书馆出版的《万有文库》为基础,包括《国学小丛书》《体育小丛书》《新时代史地丛书》《师范小丛书》《算学小丛书》《汉译世界名著》《百科小丛书》《医学小丛书》共10大类394种图书。2011年12月28日教育部发布《义务教育语文等学科课程标准(2011年版)》,并于2012年秋季开始执行。在《义务教育语文课程标准》附录1《优秀诗文背诵推荐篇目》中推荐给初中生的有61篇,附录2《关于课外读物的建议》,内容包括童话、寓言、故事、诗歌散文作品、长篇文学名著、科普科幻作品等。2013年4月23日发布的《中学生阅读行动指南》,该书目分高中、初中两部分,涵盖科学、哲学、历史、艺术、社科、文学、博物七个领域,每个领域又包括基本书目和拓展书目两个部分,共计153本。2017年12月29日,教育部发布了《普通高中课程方案和语文等学科课程标准(2017年版)》,并于2018年秋季开始执行，在《普通高中语文课程标准》（2017版）中附录1是《古诗文背诵推荐篇目》，包括文言文32篇，诗词曲40首。附录2是《关于课内外读物的建议》，内容包括对文化经典著作、诗歌、小说、散文、剧本、语文文学理论著作、当代文学作品、科学与人文方面的各类读物等课内外读物阅读的建议。从2007年开始，国家新闻出版管理部门开始为青少年推荐优秀出版物书目。

阅读是需要推动的，如何把阅读变成一个青少年的终生爱好和习惯，是需要培育和倡导的。理解中国基础教育的现状，才能更好地进行中学生阅读推广。在中学阶段，对中学生进行阅读推广应该与课程标准保持一致。义务教育阶段语文新课标要求学生9年课外阅读总量须达400万字以上，高中阶段语文新课标要求学生在课内外加强阅读，培养阅读的兴趣和习惯，提升阅读品位，掌握阅读方法，提高阅读能力，让学生在阅读中拓宽视野，领略人类社会气象与文化，体验中华优秀传统文化、革命文化和社会主义先进文化，提高语言文字运用能力与思想文化修养，丰富精神世界。

（一）新式教育的兴起

鸦片战争时期经世致用精神的复兴，其实质是近代学制产生的先兆。甲午战败，维新变法运动兴起，郑观应、康有为、梁启超、严复、李端棻等都提出有关学校建设的思想，教育救国已经成为社会各界的共识。1899年，清光绪帝颁布《饬各省开办中学和小学谕旨》，全国书院改成新式学堂，书院藏书失去原有的形态，开始逐渐过渡到近代学校图书馆。1901年八月初二谕于各省、府、直隶州及各州、县分别将书院改设为大、中、小学堂。1903年，张百熙与荣庆、张之洞共同制定了《奏定学堂章程》（癸卯学制），1904年得到批准颁布实施。它的诞生，标志着中国近代学制正式建立。学制的颁布，加速了科举制度的灭亡，促进了新教育的发展。学制颁布之后，全国各地开始试办新式学堂，中小学堂开始在中国兴起。1912年9月教育部向全国颁布《学校系统令》，即"壬子学制"，次年，又陆续公布各级各类学校令，如《小学校令》《中学校令》等，合称"壬子·癸丑学制"。它的颁行使学校教育事业在数量上有很大的发展，推进了中国教育近代化的进程。1922年，北洋政府颁布了中国近代第三部学制即"壬戌学制"，原名"学校系统改革案"，又称"1922年学制"。中国近代三部学制的交替出现对中国教育近代化产生了积极的推动作用。民国初年发起的"新教育运动"，主张尊重个性、尊重儿童，提倡教育联系生活，推动和促进了中小学教育的发展。新式教育的兴起，推动了近代出版业的发展，特别是中小学教材和儿童读物的出版，成为民国出版业一道亮丽的风景，为中学生阅读提供了坚实的资源基础。民国时期中学图书馆的发展，为中学生阅读推广提供了保障。

（二）近代中学生读物

鉴于经费短缺导致图书设备的缺乏和疏于采选，1932年10月国民政府教育部工作报告中提出"通令各省市教育厅局，令发中学生阅读参考图书目录"，提出从商务印书馆《万有文库》中挑选适合中学生阅读参考的图书编制目录分发给各中等学校，以供中学生阅读参考。从1932年11月开始甘肃省教育厅、北平市社会局，1933年2月青岛市教育局、山东省教育厅、四川省教育厅、江西省教育厅、云南省教育厅，1933年3月湖北省教育厅、安徽省教育厅、察哈尔省教育厅，1933年4月河北省教育厅、广西省教育厅陆续发布训令，令各县教育局、省私立各中等学校遵循教育部的通知，购买《中学生阅读参考图书目录（第一辑）》（共计404种），具体包括国学基本丛书56种、国学小丛书35种、新时代史地丛书48种、百科小丛书159种、汉译世界名著8种、学生国学丛书35种、算学小丛书19种、师范小丛书25种、体育小丛书9种、医学小丛书10种。

除了上述大部头的推荐读物外，就某一学科还有专门的推荐读物，如适合中学生阅读的6本社会科学书，包括《社会科学概论》《现代世界观》《社会进化史大纲》《社会意识学大纲》《经济决定论》《经济科学概论》等。适于中学生课外阅读的生物学书，主要有关于动物学的、关于植物学的、关于生物学通论的、关于进化理论和遗传理论的、关于古生物学的、关于实验研究的工具书、趣味读物、高等的参考书等8大类。除了图书，还有推荐适合中学生阅读的杂志14种，包括《中学生》《东方杂志》《申报月刊》《时事月报》《日本评论》《图书评论》《人文月刊》《新亚细亚》《读书月刊》《现代学生》《英语周刊》《中国评论周报》《中国民声》，以及《米勒氏评论报》等。

（三）近现代中学生阅读指导

1. 近代中学生阅读指导

求知欲是人类本能的一种。在人一生读书的过程中，最重要的就是青春时期。因为青春期是人发育的关键时期，判断和理解能力逐渐发展，求知欲望逐渐强烈。如果用科学的方法训练他们的读书能力，培养他们的读书兴趣，对于青年的身心发展和读书习惯的养成，是大有好处的。青春时期是训练读书能力和培养读书兴趣最紧要的时期，无论读书的青年还是指导老师，都应该十分注意。关于怎样读书，我们分读书时间、读书能力、读书困难、读书札记与作文四个问题进行解答。

初中语文阅读能力培养的研究

（1）读书时间问题

在读书时间问题中，有两点是要研究的，首先是中学生每天自修时间有多少，其次就是在什么时候读书是最适宜的。普通读书时间可分清晨、日间无课时、晚饭之前、晚饭之后和深夜五种，调查结果显示，读书时间赞成清晨和晚饭之后为最多，次为日间无课时，再次为晚饭之前和深夜。所以依据调查及实际观察所得，读书最适宜的时候莫过于清晨和晚间，尽量不在深夜与晚饭之前，这是中学生应该注意的。

（2）读书能力问题

中学生的阅读能力是指其顺利开展阅读活动所具备的技能总和，是在阅读实践过程中积累形成的，构成阅读能力的要素有认读力、理解力、记忆力、阅读速度等。美国专家施道弗博士曾经提出一个关于阅读效率的公式，即$E=R·C$，公式中E代表阅读效率，R指代阅读速度，即每分钟阅读的词数，C则代表理解率，即阅读后答对的问题数与受试问题之比。由此可见，阅读效率与阅读速度和理解率密不可分。当中学生的阅读能力提升时，即阅读速度和理解率都提升时，阅读效率也会相应提升。

（3）读书困难问题

阅读困难是普遍现象，主要表现在：无法自主选择阅读对象，全凭老师或者家长推荐；阅读效率不高，不能较好地处理阅读速度和理解率的问题；无法抓住阅读重点，不能把握读和细读的度；等等。要解决中学生的阅读困难，提高中学生的阅读能力，不妨从改进课堂教学、改善阅读环境、研究阅读困难等方面入手综合评价，逐步提升中学生的阅读水平。

（4）读书札记与作文问题

读书不仅重在欣赏与理解，记忆也是很重要的。强化记忆主要的途径就是做读书札记。梁启超曾经说过，"读书莫过于笔记……无笔记则不必经心，不经心则虽读犹不读而已"，揭示了读书札记的重要性。读书札记可分为抄录式、纲要式、注解式、归纳式、演绎式和日记式六种，最普遍又最重要的是抄录式和纲要式。纲要式札记法更进一步的发表形式，就是作文了。叶圣陶先生提到，许多作文中出现的问题看起来是写作能力问题，根子却在阅读，养兵千日，用兵一时，没有大量的阅读做铺垫，就没有佳作的产生。

2. 现代中学生阅读指导

新中国成立以后，有关中学生阅读指导的研究逐渐增多，陆续出版了《怎样指导中学生课外阅读》《中学生阅读指导》《中学生阅读方法词典》《中学生课外阅读指导》等图书。

阅读指导主要分为以下几类。一是对各种文学题材作品的阅读指导，如小说、散文、戏剧、诗歌以及其他等。二是阅读方法和技巧，如思维法、听写训练法、记忆法、阅读法、名人名家读书法等。三是阅读方式和课文的阅读，阅读方式包括泛读、精读、朗读、默读、抄读、速读、跳读和比较读8种，课文的阅读包括文章结构分析、提炼中心、课文内容分析和写作方法分析等。四是各种文体阅读方法的指导，譬如议论文阅读法，说明文阅读法，记叙文阅读法，散文、小说阅读法以及现代文与文言文的阅读法等。

二、中学生阅读的时代性与个性

人类文明史就是一部阅读的历史，我国历来有重视阅读的优良传统，阅读载体从史前的洞穴绘画到甲骨文、活字印刷，再到互联网时代的音像文献、缩微文献、数字文献等，随着时代发生了巨大的变化。文字和书籍改变了世界，阅读也改变了世界。阅读行为受到所处的社会环境的影响，如政治环境、经济环境和文化环境。因此，阅读具有很强的时代性，阅读的时代性孕育了阅读的个性，而中学生作为本书特定的关注主体，其阅读活动也具有相应的时代性和个性。

（一）中学生阅读的时代性

1. 阅读的时代性

（1）阅读的时代性概念

时代有两个含义，一是从广义上来说，历史上以经济、政治、文化等状况为依据而划分的时期，二是从狭义上来说，指人的一生中的某个时期。本书所论及的"时代性"是广义的。阅读的时代性主要表现在阅读风气、阅读方式是随时代而变化的，阅读活动受当时政治、经济、文化以及教育等社会因素的影响。

（2）社会环境对阅读的影响

①政治环境对阅读的影响

政治意识。阅读风气的形成，是一个时期政治、学术情况的综合体现，并深受政治的影响。政治意识影响阅读，在历史上有深刻的体现。民主开放的社会政治制度有利于阅读的兴盛；而封建专制的政治环境则对阅读有遏制作用。

禁书。历代统治者为强化其政治思想统治，对威胁其统治思想的文献进行深度排查，主要体现在禁书运动和重新整理书籍和书目，造成大量的图书流失。这样的环境下百姓被剥夺了自由阅读的权利。

②经济环境对阅读的影响

经济条件。经济基础决定上层建筑，经济水平的高低决定着阅读开展的普及程度。生产力低下、经济落后的社会环境下，人们都没有机会接受教育，更无暇关注阅读；近代工业革命后，以扫盲运动开展的识字教育兴起，大多数社会成员才有机会接受基础教育，阅读逐渐进入了普通百姓的生活。

个人需求。随着经济水平的提高，个人的生活水平也相应提高，在温饱问题解决的情况下，人们对生活品质提出了更高的要求，阅读需求应运而生。"书对衣食无忧的人而言是必需品，但对那些不知道下一餐在哪里的人却是奢侈品。"

出版事业。经济基础是阅读文化发展的先决条件，经济建设水平越高，出版事业就越繁荣兴盛，藏书机构与藏书家众多，人们才会有机会去感受丰富的阅读资源，享受阅读带来的满足。而足够的阅读资源的品类与数量是培养阅读兴趣的前提条件，进而影响到阅读水平的高低。

公共图书馆事业。就公共图书馆事业来说，东部地区的公共图书馆事业发展水平最高，西部地区等经济欠发达的地区相对落后。经济发达的地区，公共图书馆经费保障充足，文献资源丰富，配套设施齐全，专业技术馆员较多，读者活动如火如荼地开展，全民阅读的氛围浓厚。经济欠发达地区，服务内容相对单一，服务方式相对落后，阅读氛围相对缺乏。

③教育对阅读的影响

个人受教育程度决定着阅读能力的大小，社会教育的普及与否影响到社会阅读风气的好坏。创造良好的阅读风气可以从两方面入手：①阅读从娃娃抓起，培养青少年的阅读习惯。只有培养青少年的阅读习惯，提高其阅读能力，才能逐渐形成良好的阅读风气。②学校、家庭、社区营造良好的阅读氛围。普及九年制义务教育后，阅读氛围日渐浓厚，教育对阅读起到了重要的促进作用。有研究表明，父母受教育程度越高，越重视阅读，孩子热爱阅读的可能性越大，阅读能力也越强。

（3）时代的变迁

①手工抄写时代

文献稀缺时代，图书来之不易，藏书有限，复本也较少，图书以借阅和手工抄写为主要流通方式，产生了许多抄书人，抄书人终生默默无闻，却为古代书籍的传承做出了贡献。古人读书多为精神享受，而非外在物质追求，因此优秀的传统文化得以传承发展。科举制后读书人则秉承着"学而优则仕"的思想，以四书五经等"圣贤书"为主要阅读对象，阅读不再是其追求精神愉悦的方式，阅读的意义大大降低。

②印刷时代

毕昇的活字印刷术的发明，大大促进了我国古代文献的发展。现代工业革命产生的机械自动化，又极大地提高了文献的增长速度。这个时期，人们阅读以学习型为主，获得科学知识，提高科学文化修养，以适应社会快速的变革与发展，人们获得文献的方式也发生了改变，以买书和借书为主。社会上形成了个人藏书的浓厚氛围，但是单凭一己之力没有办法满足多样化阅读的需求，公共图书馆等公共文化机构应运而生，对推动全民阅读具有不可或缺的作用。

③互联网时代

随着现代信息技术的不断发展，社会已跨入了"互联网+"大数据时代。信息量激增，人们获取信息的途径更加便捷，阅读的方式也发生了改变，电脑、平板电脑、手机等阅读工具的使用，全民阅读在各地紧锣密鼓地开展。但是，不可否认的是，纷繁复杂的网络环境中，存在着大量不良信息，如何去粗取精，去伪存真，将大众网络阅读与传统经典阅读相结合，是网络时代的重要话题。

2. 互联网时代中学生的阅读活动

互联网的普及，大众文化的传播，对中学生的阅读活动造成了一定的影响，"浅阅读"成为普遍现象，学生的阅读已经从文字阅读走向了视觉阅读，从学习型阅读变为娱乐型阅读。面对大众文化，中学生由于自控能力较差，容易沉溺其中，特别是在学业压力较大的情况下，消遣性的浅阅读成为中学生普遍接受的阅读方式，越来越多的中学生对经典名著的认识是从影视作品入手的。同时，中学生阅读的文化呈现出了娱乐化、休闲化的特点，言情小说、武侠小说、漫画连载等通俗读物受到中学生的喜爱。

如何在互联网时代做到有效阅读，不妨从以下两方面入手。

（1）激发中学生的阅读期待

阅读期待是接受美学上的概念，是指促进阅读活动的推动力。可以有选择性地采用大众文化激发中学生的阅读期待，将影视作品与文学欣赏相结合，不仅丰富学生的课余生活，还培养学生对阅读的兴趣，从而回归对原著的文本阅读，有效开展经典阅读。

（2）针对中学生开展特定的经典阅读活动

《国家中长期教育改革和发展规划纲要（2010—2020）》中指出，中学校园应大力推广阅读，不仅有效地促进每个学生德智体全面发展，而且是国家建立人才强国的重要教育措施之一。互联网时代，学校和图书馆等机构可以组织故事会、读者沙龙、读书会等丰富多彩的阅读活动，并做好相关的书目推荐工作，寓教于乐，引导学生热爱读书，享受阅读。公共图书馆等公益性机构应积极开展读者咨询、信息检索等个性化的读者活动，让学生能主动检索所需的阅读资源，从而提高信息素养，培养阅读的兴趣。

（二）中学生阅读的个性

阅读的时代性孕育了阅读的个性。网络信息化时代，如何根据中学生阅读的特点，培养中学生的阅读个性，以此来弘扬阅读个性，培养全民阅读的意识，是本节的研究内容。

1. 中学生阅读个性的特点

阅读个性是基于自己特有的阅读体验与价值判断，针对特定目标，有选择地进行阅读。根据中学生具有的个性特点，可从以下四方面对其进行分析。

（1）特定的阅读目的

每个读者都是特定的个体，具有独特的个性，进而影响其阅读行为。不同的读者有不同的阅读倾向和阅读体会，"一千个读者，就有一千个哈姆雷特"，即仁者见仁，智者见智。中学生不仅有自身阅读素养提升的需求，也有学业成绩的要求，在阅读方面的侧重点也会不同。

（2）独特的阅读经历

阮冈纳赞在《图书馆学五定律》中提到，"每个读者有其书""每本书有其读者"，不同的学生个体对同一本书会有不同的阅读体会。如果某个学生对某个学科比较感兴趣，就会运用以往的知识经验对该学科的图书进行客观评价，不仅加深了对该学科的印象，也提升其学术素养。

（3）独特的阅读品位

人类的发展过程是"实践—认识—实践"的过程，阅读也不例外。中学生会根据其以往的阅读经验，对现在的阅读活动做出评价。例如，以提高人文素质为目的的经典书目，对中学生的阅读实践具有理论指导作用，伴随着阅读过程中新的认识和理解，又作用于新的阅读实践。

（4）阅读对象的选择

读一本好书，就是和许多高尚的人谈话。中学生在阅读时应有所取舍，有所辨别，是纸质阅读还是网络阅读？是经典阅读还是消遣阅读？要充分利用网络这把双刃剑，让学生能在喧嚣与浮躁的时代，静下心来慢慢品经典、读名著，学习先哲的思想与智慧，传承优秀传统文化。

2. 中学生阅读个性的塑造

有人说，一个人的精神成长史就是这个人的阅读史，意思是说，人若没有阅读，就没有心灵的成长和精神的发育。因此，塑造中学生的阅读个性，要从小抓起，先要培养其阅读兴趣，提高其阅读品位，从而提高其阅读水平。

（1）弘扬传统文化，鼓励深度阅读

在大众文化的背景下，社会充斥着各类信息，我们应返璞归真，回归经典阅读。读经典就是与先哲们进行深度对话，学习其思想智慧，这与当今社会的浅阅读有所不同。网络阅读和浅阅读是以通俗性阅读为主，浅显易懂，吸引了众多中学生，却忽略了深入的思考与理解，容易造成浮躁情绪。塑造阅读的个性，我们还应倡导深度阅读，让中学生在文字阅读中理解深层次的文明和传承，用心感受经典文字带来的视觉盛宴和心灵感悟，进而提高中学生的阅读品位。

（2）倡导全民阅读，完善书目导读

当今社会，各地都在加快推进全民阅读，建设书香社会，但同时，我国的应试教育也暴露出了一些问题：对中学生缺乏全面发展的人性化关怀，唯成绩论现象明显，书本知识与现实生活脱离。为改善这种现象，社会提倡广泛的课外阅读，其中经典书目导读发挥了重要作用。倡导阅读的首要任务就是帮读者解决"读什么，怎么读"的问题，其次才有可能造就知识渊博、品格高尚的人。经典书目导读让学生能够在短时间内快速了解传统文化，了解各学科的经典著作，从而为深入全民阅读创造有利条件，为青少年陶冶情操、提高素养提供了有力支持。

（3）弘扬阅读个性，提升阅读素养

弘扬阅读个性，不仅可以激发青少年的创新思维，而且能够提升学生的阅读素养。我们提倡在阅读精神的引领下，青少年根据自身的兴趣和爱好去选择阅读，从而提升个人的阅读品位。大众文化背景下，部分中学生心态浮躁，远离经典，精神世界空虚且迷茫，急需优秀的传统文化来丰富青少年的精神文化世界，以期提升其阅读素养，从而增强他们的创新能力。

（4）健全人格培养，倡导阅读疗法

社会阅读是一种社会现象，通过阅读不仅能够提升个人的信息素养，也能够健全身心健康，辅助治疗精神疾苦。"阅读疗法"是以文献为工具，将阅读作为养生保健以及辅助治疗的手段，通过对阅读的指导来修养身心的一种方法。通过阅读可以消除学习障碍、困惑及孤独，帮助青少年儿童健全人格修养。

第二节　阅读教学的多样化特征

一、课堂教学中的生长性

　　阅读课多种多样，但不管什么样的阅读课，最核心的评价标准是师生通过课堂教学获得了"生长"。"生长"即成长、发展、积累、收获，不仅指学生潜入文本，吸收人类文化精华的营养，领略文本艺术表现的匠心，在文本研读的过程中或在文本的观照下获得了有益的阅读经验、方法，还指教师在教学过程中，自身的专业水平获得"生长"。一是在教师专业发展的进程中，专业水平同过去相比，获得新的增长或有新的突破性发展；二是在空间拓展中，专业能力在课堂中得到历练，表现出开阔的教学视野，丰富的教学智慧。学生"生长"是绝大多数学生在阅读过程中有了属于自己的"发现"和"收获"，并进一步增强了阅读学习的兴趣和信心，形成良好的阅读品质。通过这个过程，学生在阅读中产生的疑惑可能得到了解决，或者阅读发生了由无疑到生疑再到释疑的转变；可能学生独立获得了对文本有价值的理解，或通过教师的启发和同伴的交流认识到了文本中自己没有发现的"亮点"；还可能是学生通过参与阅读交流改正了自己的错误看法；也可能是学生在阅读欣赏的过程中与作者在心灵上产生强烈的共鸣，或被感染，受到触发而浮想联翩等。这个"生长"包括阅读能力的，也包括情感态度的；是阅读经验方面的，也可以是思想心灵方面的。

二、阅读教学中的优质性

（一）教之有物

　　阅读教学"教之有物"，是指教学要有切实根据、实实在在的教学内容。根据至少是两个方面，一是课程标准，二是学生实际。"课程标准"是语文教学以至阅读教学的理念、内容、目标。以此为依据，阅读教学"言之有物"就有了基本保障。阅读教学的目的是培养学生的阅读能力，不是将教师对文本的理解教给学生。阅读教学应根据学生的知识积累、学习能力、学习需求开展学习活动，如果无视学生的身心发展规律和"最近发展区"，就是空洞的教学。因而讲求学生学习的实际效果，才能算是"教之有物"的教学。

　　阅读教学要有实际的内容。第一，依据"课程标准"的精神，要观察课堂是不是在三维目标统师下，将工具性和人文性目标从理念上的融合转变成实际上和事实上的统一。第二，应关注教学的指向是否清楚。比如，一篇优秀的文章要主旨鲜明，而优质的阅读课也应在教学意向上与学生达成一致，至少被多数学生认可，以此来调整课堂教学的过程。为完成文本解读，阅读教学要尽量围绕核心目的，少出枝权，少绕圈子，集中精力解决核心问题。第三，要突出重点难点。阅读教学要深入透彻地把握文本重难点，深入探究关键问题；如果阅读中面面俱到，犯"眉毛胡子一把抓"的错误，该深的深不下去，该高的高不上去，该远的拓不出去，什么都教了，却因缺少力度和深度，等于什么也没教。第四，要看教学内容含金量的高低。重点难点都确定了，但是，是否为文本的价值所在，包括文本的核心价值、教学价值和语文教学价值。若阅读教学内容并不利于学生语文素养的发展，那么仍然属于教之无物的课。第五，阅读教学要有情感融入。语文课是感性的课，缺失了情感那就是失败的课，能否使学生获得情感的共鸣是阅读教学是否教之有物的一个重要标志。

　　阅读教学能否做到"教之有物"，还受教师个人的综合素养和能力水平的制约。首先，教师对文本的把握能力是根本。教师喜欢读书、善于读书，那么就能比较准确地领会文本的精髓，把握文本核心语文教学资源，包括文本的亮点、难点以及要害之处，指导学生进行文本解读才会有正确的方向，才会有力度，也才可能做到"教之有物"。其次，教师开阔的语文教学视野，也是"教之有物"的重要前提。教师要对国内本学科教学的现状、改革形势和动向有比较全面的了解，对国内、业内的名师专家的教学思想和教学经验有所研究，借鉴他人智慧，在借鉴吸收的基础上发挥自己的聪明才智，自主创新。最后，教师的智慧和思想是促进学生有效学习的关键。评价一节阅读课的质量和效果绝不是看教师为学生提供信息的多少，而是要看提供的信息是否有价值，学生是否从中有所发现、感悟、创造和生成。否则，阅读教学就只能在文本的表层、浅层行走，缺少应有的思维深度，自然也不能称之为"教之有物"。

　　最近发展区理论由维果斯基提出，他认为学生的发展有两种水平：一种是学生的现有水平，指独立活动时所能达到的解决问题的水平；另一种是学生可能的发展水平，也就是通过教学所获得的潜力，两者之间的差异就是最近发展区。

　　阅读教学最根本的问题，是教师要引导学生还原文本的原有价值与魅力，尽力品尝到文本的"原汁原味"。要做到这一点，教师应深研文本，吃透教材，自己先品读出文本的真滋味。

（二）教之有序

阅读教学在文本解读、取舍教学内容的基础上，要对教学内容进行重构，即教学设计。其中，教学过程的设计主要是在充分估计学生学习成果的前提下，规划和预设教学层次和顺序。一篇文章倘若层次混乱，不能遵循阅读者认识理解的事物和道理的逻辑和规律，阅读者就无法正确理解文意。作者大都会考虑阅读者思维活动的过程或阅读者认识事物的一般过程，按照一定层次顺序呈现生活内容。事物的内在逻辑关系对作者行文思路具有制约作用，作者不能违背事物的内在逻辑；同时，作者常常借助段落安排和衔接过渡等来呈现作品的层次结构。阅读教学需要根据文本教学资源的内在关系和学生学习的一般心理过程构建教学过程，以适应解读文本和学生即时生成的需要。那么，教学中一方面要落实预先的教学设计，另一方面还需依据学生学习的实际需要及时调整教学设计，调控教学进程。

要做到"教之有序"，首先，应围绕核心教学任务或目标意向，把教学内容、教学实施等各个要素或相关素材调整成一个有机整体，进而构建教学层次和厘清教学思维。为完成课堂核心任务和教学目标而运用的若干教学话题或环节应清楚明确，其教学进程应具清晰的层次顺序。这样各个层次或环节的活动就能科学而有效地趋向教学目标或核心任务。就如同一篇结构严谨的文章，每个段落都有自己的中心或主题，而不同的段落又都趋向于整篇文章的中心或主题。教师的教学设计应当考虑如何将课堂教学任务和目标融入相应的教学环节或教学内容中。"教之有序"既要求宏观上教学层次清楚，又要求教学的每一个微观环节的任务层次要清楚，并且环节间建立必然的逻辑关系。实际上，部分教师的阅读课堂，或宏观上比较清楚而微观上颠三倒四，或注意了微观层次而宏观上不合逻辑，或宏观、微观层次都不合逻辑，缺少教学过程的层次性和节奏性，必然会造成学生思维的混乱，影响教学的效果。其次，重视教学过渡的衔接也是做到"教之有序"的关键。优秀的文章作品段落章节之间，大都设有过渡句，可以使复杂的文意建立起条理的联系。阅读教学过程中也须有一些自然的"过渡"，使层次之间前勾后连，顺理成章。阅读课堂要讲究宏观次序，又需讲究微观次序，既有外在次序，又有内在次序。我们强调阅读教学的"教之有序"，绝不是期望教师将课堂环节搞得烦琐而复杂，更不是将课堂上成"多层饼"，而是要遵循文本教学资源本身的逻辑关系和学生的认知规律形成自然的过程。真正好的阅读课是看不到环节更替和层次设置的，前后之间相融相合，过渡无痕，没有生硬的转折，一切都熔铸在整体中。

（三）教之有力

出色的文章整体效应或沁人心脾，或撼人心魄，或感人肺腑，或启人心智，或催人警醒……局部来看，或有矛盾的尖锐冲突，或有情节的高潮，或有闪光思想观点出现，或蕴含深刻的人生哲理……具备了这些，文章才会有巨大的影响力、渗透力和感染力。优质的阅读课对学生所产生的作用和影响也是强劲有力的：学生的情感会因文本内容的触动而受到强烈感染，在内心深处与之形成共鸣；学生思维的积极性会被调动起来，对文本的理解更深入透彻；学生的创造性会被激发，形成了探究的亮点，出现了精彩的表达；学生会利用文本智慧实现方法经验内化和能力的跨越；会领悟到语言背后潜藏的奥秘与生命的道理……可以说，优质的阅读课如一首乐曲、一条河流、一场舞蹈，抑扬跌宕，波澜起伏。高潮和亮点是"教之有力"的重要标志，教者要抓住契机，创造出令学生身心投入、创造性思维火花闪现的教学状态，高质量地达成目标。总之，阅读课要如同优秀的文章作品那样，给人以力量。

一节出色的阅读课既要展现学生的精彩，又要表现出教师的智慧。一方面，教师的智慧使学生表现形成精彩的亮点，产生课堂教学的高潮。另一方面，教师除去对学生进行适时地指导促进、因势利导、点拨启发、推波助澜之外，作为课堂的参与者、阅读教学的"共建者"，可以更加有力地推动学生的探究，也可以发挥自己的特长，有选择、典范性地展示自己对文本的理解，以激发和带动学生的情感和思维活力。如带有示范性的朗读甚至背诵，带有激发性的赏析，带有资源性的板书等，"画龙点睛"或"潜移默化"式的展示，这些不仅不会影响学生的探究热情，还会产生助推作用。这也是在课堂上充分发挥师生双方积极性的应有之义。

（四）教之有趣

优质的阅读教学不应是枯燥乏味或死板的，而应是富有内在的、外在的吸引力和驱动力的。首先，富有智慧和经验的教师大都能够正确地把握学生的"最近发展区"，谙熟学生的心理趋向和学习需求，了解其阅读能力和水平，无论在起点、落点，或对教学内容的选择上，都能贴近大多数学生的兴趣和思维水平。其次，教师能够在阅读教学中有效利用悬念，使学生在不断化解悬念中享受成功的快乐，不断有"山重水复疑无路，柳暗花明又一村"的感觉。最后，教师善于利用情感激发、思维启迪、探究引导和幽默点染等方法，让学生深刻体验到阅读学习的诗意美感与愉悦心境，使学生乐此不疲、流连忘返。因而可以说，"教之有趣"当为教师在"吃透"文本和熟知学情基础上教学智慧的外在表现。

要做到"教之有趣"，除深入研读教材和把握学情之外，最重要的是教师要锤炼语言表达功力。语言表达功力主要体现在：以情感做基础，教学语言充满深情，具有个性和创造性。著名语文特级教师的教学语言就非常有个性、有创造性，他们的阅读课堂就能做到趣味盎然。教师要有意识地培养自己教学的幽默感，"先让学生发笑，后让学生思考"。语言文字是极具美感和妙趣横生的，板着面孔教学，势必使鲜活的语言文字变得冷若冰霜。

三、阅读教学中的突出性

优质的阅读课要突出学生本体、学科本真和技能发展。学生本体体现阅读课堂教学的人文精神，彰显以人为本的教学理念；学科本真体现阅读教学追求的科学性；技能发展体现阅读教学的艺术性和目的性。学生本体、学科本真和技能发展，是优质阅读课最重要的特征。

（一）突出学生本体

学生本体要求教师在进行阅读教学时，要关注学生的生命成长、能力发展和心灵启迪，把每一个学生当作完整的生命体，看作外在行为和内在灵魂相统一，知识、能力与情感融合为一的生命体。

每一个学生都是一个鲜活的生命，阅读教学要对学生充满人文关怀，不能急功近利地只关注学生的语文成绩，不应以等级观念对待学生，不能戴着有色眼镜人为地划分优等生、中等生、差等生等。教师应鄙弃世俗的功利思想，拿出更多精力关注学生阅读的现状、个性差异、自主参与状态和学习效益。既要关注成绩优异学生的进步，又要关注学有困难学生的学习发展，既要从整体上把握所有学生的学习状态，又要关注每个学生的具体情况，尊重差异，尊重个性，尊重弱势个体，让他们学会自主学习、自主判断、自主反思、自主完善、自主成长。教师应设法激发学生的思维情感的活力，使其不断增强自主学习的意识和能力，焕发出生命的活力和智慧的潜力。

（二）突出学科本真

"学科本真性"是指在语文教学中，要注意语文教学的价值取向、学习规律和学习结果。从语文的科目性质看，要学会使用语言，就必须要有思维和情感的投入，培养人的语言素质和心灵素质才是语文教育的价值目标。语言学习的规律性特征是在实践活动中，在言意共生中，自主建构、自主内化，从而获得语言技能。要重视语文教学成效，必须重视学生的语文素质与心灵素质之间的"同构性"与"内隐"的同构共生关系。

（三）突出技能发展

技能发展是指教师对教学技能的不断历练，要在阅读教学中不断培养自己的教学技能，使教师的教和学生的学融为一体。要关注不同年龄阶段学生的学习特点，据此采取相应的教学手段和方法，如板书，在使用字体方面，面对七年级学生要写规整的楷书，面对九年级学生要写圆润的行楷；在板书设计方面，低年级可用具象板书，高年级可用意象板书。又比如课文中朗读的教学示范，文学类课文要读出情境之美，论述类课文要读出逻辑气势之美，实用类课文要读出清晰明了之美。教师使用的教学技能要对学生的学习起到积极的作用，能有力地促进学生语文能力的提高，让学生也享受到语文教学的艺术之美。

四、阅读教学的文化传承性

语文是文化的重要组成部分，阅读教学要引导学生理解和传承文化，阅读课应该担负文化使命。

（一）发掘与丰富民族文化

语文是现实生活的"家"，也是人们精神之"家"和文化之根。阅读教学是引导学生不断发现文本文化精华，使自己的精神不断获得成长的过程。优质的阅读课堂必然是将教学的重心放在寻找民族精神上的，是发掘与吸收民族精神的极大兴趣和热忱的磁场，是探寻与弘扬民族文化精神的载体，是吸收与传递优秀传统文化和民族精神的桥梁。传统文化和民族精神的发掘是阅读教学的永恒主题。中华民族文化源远流长、博大精深，蕴藏着无穷的智慧，沉淀着丰富的精神内涵。阅读教学应当成为学生领会传统文化内涵、浸润思想灵魂、吸收丰富营养的载体，应当潜移默化地帮助学生增强民族自尊心、自信心和自豪感。因此，教师应通过理解品味语言文字，体悟作品的思想内涵，再通过具体的形象和史实，挖掘其中所包含的传统文化精神，使学生得到潜移默化的影响，实现师生精神的"诗意栖居"。

语文阅读教学是一个发现民族精神、经受民族精神滋养以及与民族精神同生长的过程，使学生通过文本能够了解名家先贤所描述的生活，进入那层精神境界，并通过与之对话、观照，沉淀文化底蕴。可见，优质的阅读教学应该肩负发掘和丰富人类文化的重要使命。但是一般阅读教学的教材不是缺少民族文化和民族精神，而是缺少从民族文化和民族精神的高度审视教材思想内涵的眼光，缺少从文化精神境界上对待和利用教材的行为。现行统编语文教科书，几乎每一篇经典文本都蕴含着民族精神和人文智慧，都是人类在生存发展的过程中丰富精神的艺术释放；每一篇传世作品的背后都矗立着一座栩栩如生的传统文化化身的雕像。因此，语文阅读课就应该同时也是精神文化的发掘课、展示课和习得课。

（二）让文本文化与当代现实文化进行碰撞

语文阅读课本质上是将文本中的东西置于现实生活的视野里进行观察审视，通过比较、辨析，找到文本中的文化与现实文化的相同以及相异之处，进而对传统文化精神进行取舍和吸收。优质的阅读教学会使文本与现实文化进行碰撞。如果阅读教学能够积极主动地用现实与文本展现的生活、文化、精神做比较、碰撞，那么，学生的民族意识、文化精神、人格品质便会于"碰撞"中被激发、造就和养成。

现代教育重视的是拿什么来唤醒人、培养人的问题，从民族优秀文化传承的角度出发，阅读教学唤醒的是人最深层次的东西，它指的是担负民族精神的感悟、民族意识的浸染以及民族振兴的探索，这些最根本性的文化使命。

第二章

中学生阅读的常用方法详解

第一节 精读法

精读对中学生具有特殊的意义。对于每门课程教材的学习，精读是必不可少的。精读表面上看起来很慢，要花费很多时间，其实对于系统掌握某一领域的知识，它的效率是最高的。所以，中学生必须多掌握几种精读的具体方法。

一、深入剖析的详读详析法

详读详析法是精细阅读最关键的阶段。此阶段中学生一定不要贪多求快，应当仔仔细细、认认真真地阅读，把意思抓准，还要注意上下文间的联系，通过思考把实质内容找出来。详读详析法主要包括以下内容：

（一）圈点画线

画线最主要的目的是为以后复习提供记忆线索，并不是所有的文字都是值得温习的，所以，不要随处都画线。一般是读完每一段再确定性地画，画线贵在精而不在多。画线应与圈点很好地结合起来。可利用区分于印刷油墨的彩色笔，确定何种颜色为最重点、次重点圈点画线，何种颜色为一般圈点画线。当然，有必要的话，借来的书应当拿去复印，然后再圈点画线。

（二）带着问题阅读

带着问题阅读是精细阅读的极好技巧。在阅读前，中学生应对所读内容提出问题，并对问题做主动性思考，再带着问题到行文中去寻找答案。这样中学生就是以一种积极的态度在阅读，而不仅仅是被动地跟着作者的思路，这样可以慢慢培养独立思考的能力。中学生的观点可能会遇到三种情况：一是与作者"英雄所见略同"；二是被作者超越；三是作者见解平淡无奇，中学生的观点超越作者的观点。第三种情况是最理想的情况，表明中学生的阅读能力处于一个较高的水平上。

（三）积极独立思考

快速阅读需要对不必"求解"的内容不求甚解。但是精读性内容必须要思考，要深入求解，并且要积极地思考。碰到疑点时也应结合圈点画线与写眉批等方法进行思考求解。

（四）系统整理

为了对阅读内容有整体的把握，把分散零碎的资料归纳成系统的知识体系，用自己的语言整理、概括所读内容就成了精读后的必备工作。可借助前面提到的阅读技术等做整理、概括工作。

在进行整理、概括工作时，可以利用一些关键图表等整理出提纲，由知识点引出知识线，再拓展成知识面，从而实现对阅读内容的整体把握。

（五）对每章节进行小结

对每章节进行小结其实就是系统整理每章节，把逐章逐节的知识串点为珠、连线为面。由主题性出发，每章就是一个大主题，每节又是大主题下的小主题或是对大主题的论述。把每章节层层解剖，层层小结，可完成由厚到薄的阅读飞跃。

（六）总结全书

总结全书是精细阅读的最后一步。总结全书既能帮助中学生从整体上把握书本的含义，又极大地锻炼了中学生的综合概括能力。在总结全书时，应用简洁的、具有高度概括性的文字和语言，对书本的精神实质、阅读价值进行概括。

二、熟记成诵的勤读多背法

在精读过程中，中学生细细品味重点章节，并在此基础上加以背诵，效果会很好，这更利于掌握相关知识，并能长期牢记。

（一）重复阅读法

重复阅读最突出的作用，是可以帮中学生加深记忆。遗忘是阅读的大敌，而重复阅读是战胜遗忘的法宝。一般来说，重复阅读有以下三个作用：一是可以加深对书的理解和感受；二是可以为演讲、写作等积累材料，提供范例；三是可以锻炼人的记忆力。重复阅读法是掌握书本知识、进行知识储备的一种好办法，很多名人学者都经常用这种方法进行阅读，从而掌握了大量的知识。

（二）以背带读法

"熟读成诵"是一条行之有效的经验。重要的书，必须熟读、精读，最好能背诵，只靠泛泛浏览是不够的。背读是高效读书之母！

（三）强记阅读法

唐代有位名叫常敬忠的学士，一本万言书，他重复阅读七遍，就能背诵下来。其天赋之高令人赞叹，在他的学习过程中融会着重复与强记这样两种密切相关的读书方法。前面提到的重复阅读可以加深理解，增强记忆，强记必须借助于重复阅读。

重复是强记的基础，强记是重复的主要目的，二者相辅相成，中学生在阅读过程中应常常综合运用。许多书籍，尤其是经典著作，内容丰富，意义深邃，不是只读一遍便能理解的。不少首次阅读过的读物，书中的人物、事件、思想、文笔以及阅读中遇到的疑点及需要继续探索和研究的问题，都会使阅读主体产生相应的印痕和"恋情"。这种"旧情脉脉终难忘"的心理，是促使人们对首次阅读的书进行重复阅读的内在动机。

与首次阅读相比，重复阅读的目的更明确，阅读的欲望更强烈。研究和把握重复阅读的心理需求，对有计划地安排阅读生活，获得最佳的阅读效益实为必要。

当然，这种重复并不是简单地多看几遍，而是在循环中"消化""吸收"书中的精华。好书不厌反复读，特别是一些古今中外有识之士公认的好书、经典之作，循环阅读，不仅可以补充过去阅读时理解不清之处，而且还可以纠正以前阅读时看法上的错误，更重要的是在循环阅读中"举一反三"，触类旁通，获得新的启示，得出新的结论。所以说：

"读书尤其是读好书不在多,而在于精。"

有一位红学专家在讲述他的治学经历时曾这样说,他至今已把《红楼梦》读了142遍。这还是指从头到尾地读,至于零星片段的读,就更不计其数了。在座的听讲者无不为之惊叹。就是这样的日积月累,使他从这部经典著作中勘探出大量的宝藏,积累成了今天的学问。其实,不仅《红楼梦》这种大篇幅的著作有必要反复读,中学课本中的散文、小说也可以用这种方法去阅读,以达到逐步消化,完全吸收的目的。

将读过的书重读一遍,好比去某个名胜景观故地重游,同样的风景、同样的人,却因游览者心情和整个社会环境氛围的不同,产生一种稔熟而又新鲜的感觉。有些书,通读一遍,其义自见;有些书,来来回回地精读数遍,仍嫌不足。但是不管多难读的书,只要用心专一,假以时日,总会越读越明了。这就正如古人所说:"书读百遍,其义自见。"

三、掌握精华的去粗取精读书法

英国诗人柯勒律治非常形象地把读书方法比喻为四类:第一类,好像计时用的沙漏,注进去,漏出来,到头来一点痕迹也没有留下;第二类,好像海绵,什么都吸收,不会消化;第三类,好像滤豆浆的布袋,豆浆都流走了,只剩下豆渣;第四类,好像宝石矿工,把矿石挖出来,然后去粗取精,选出宝石为我所用。

"沙漏型"读书走马观花,只图热闹,不加思考,不去记忆,宛若"熊瞎子"掰苞米——一边读一边忘。结果到头来,读了等于没读,一事无成。

"海绵型"读书丝毫不加以选择鉴别,无论什么书一律全收。结果是良莠掺杂,"消化不良",难以从书中汲取营养。搞不好还会读越多,受害中毒越深。

"滤豆浆型"读书舍本逐末,不得要领,书中精华没用心去体会,花费了大量精力和时间,剩下的却是一点点可怜的皮毛,甚至是渣滓。

"矿工型"在读书过程中不断积累知识,并认真研究、反复思考,找出书中的错误,去糟粕,取精华。

这最后一种方法才是读书之正法。显而易见,"矿工型"就是理想的读书方法。我们读书时,也应又学又思,在学和思中,加以改造,去粗取精,去伪存真,最后变为自己的东西,将其储存起来。

无论是在读书过程中,还是在选书过程中,"去粗取精"这种方法都是非常适用的。著名语言学家王力也主张读书"要有选择",要"去粗取精";我国著名作家叶圣陶对于读书也提过"泥沙悉淘汰,所取惟珠玉"。可见,去粗取精法是许多成功的学者都注重的读书方法。去粗取精读书法,就其性质而言,是运用内部语言对书中内容进行简缩的读书方法，有人给这种方法归纳为以下7类。

一是扫视法。把按字按词的阅读变为按行按段按页的扫视法。由慢而快，先按行速读，最后做到按页扫视。步骤是翻书扫视—合书回忆扫视所得—形成印象。若印象不深，再重复扫视。

二是搜捕法。在扩大视觉幅度的基础上要学会找目标，即文眼、段眼、句眼及自己所需要的某项内容。

三是联系法。文章的段意一般表现得较明确：领起句；收结句；中间的中心句。采用此法读书时，要留心这一特点，进行联系，比较分析，从而较准确地把握全段的大意。

四是借助法。借助文章注释、简介、副标题、小标题、序言、跋、提示等条件，较快较准地理解大意。

五是摘要法。通过扫视，迅速理出文章的要点，诸如题目、写作背景、文章要素、主要内容、写作特点等。

六是代替法。通过此法阅读，把段变为句，把句变为词。在阅读过程中，配合思索、分析、归纳，把握大意后进行提炼，使文章变为逻辑联系、高度概括的词。

七是取合法。即带着明确的目的去扫视全书，取己所需，敏锐地抓住文中精华。

总之，去粗取精读书的目的要明确。在保证求知质量的前提下，逐步加快；要从实际出发，从读书要求和个人水平的实际出发；要注意通过做笔记、常复习、勤回忆等方式，不断巩固读书的效果。

实践证明，读书像在沙里淘金，去其糟粕，才能把握住书中精髓。反之，不求甚解地读书或什么书都读，虽说可以读书百万，但吸取的精华很少，久而久之，就会逐渐淡薄甚至全部遗忘，更谈不上把精髓之处加以改造，变为自己的养料储存起来。

四、环环相扣的SQ3R读书法

近年来，国外流行一种SQ3R读书法。所谓SQ3R，就是SURVEY（浏览）、QUESTION（提问）、READ（阅读）、RECITE（复述）、REVIEW（复习）。父母在指导孩子精读一本书的时候，可以让孩子按以下步骤进行：

（一）浏览

要达到阅读的目的和要求，就要先让学生对全书有个总体印象。

快速浏览全书，注意材料的结构和重点，不仅能让孩子大体了解全书的框架，还能把孩子原先掌握的有关知识与经验调动起来，为进一步阅读打下基础。

（二）提问

根据阅读要求，让孩子就阅读材料的标题等重要标示提出一些问题。这种提问能使孩子的阅读有所准备，有利于孩子集中注意力，增强进一步阅读的兴趣，对加深理解和记忆重点知识都有好处。

（三）阅读

让孩子带着问题深入阅读，逐字逐段，边读边思，理解透彻。掌握各章节的主要观点、内容实质以及各章节之间的相互联系，了解作者的写作目的和作品的意义、价值。对难度大的段落要反复阅读，以便熟练掌握。

（四）复述

复述就是反复阅读，达到熟练程度，在理解的基础上用孩子的语言复述重点内容，以检验其学习和记忆的效果，发现没有掌握好的难点，还要反复阅读，力求熟练掌握。

（五）复习

在复习的时候要抓重点，并按照遗忘规律，及时、有计划地组织复习。最好在读后一两天内进行复习，隔一段时间重复复习。

第二节 略读法

提纲挈领而不求甚解，是所有略读方法的共同要求。"读"要快速有效，"略"就是抓"纲"抓"要"。略读的各种方法运用，目的都是为了取其精髓而不求甚解，观其大略而只求意会。否则就无法发挥高效略读的作用，甚至会适得其反。

一、只求意会的不求甚解略读法

一提到优美的文章《桃花源记》，人们马上就会想起其作家陶渊明。作为一位伟大的东晋诗人，陶渊明不但能写出优美的诗歌和优美的文章，还能在阅读的方式上体现出独特的风格。《五柳先生传》中写道："好学，不求深悟，若有所悟，则乐而忘之。"后人依此而论，取其精华，归纳成"不求甚解"的简读法。

对于"不求甚解"的简略解读，一直以来都是毁誉参半。有人觉得这是一种很有效的阅读方式。有些人觉得，这样的学习方式，是一种不负责任的态度，是一种错误的做法。所以，到底应该如何去了解"不求甚解"的简略阅读方法的本质。学习方式有很多种，这里要特别强调一点，就是要从自己的实际情况和读书的对象出发，在挑选读书方式的时候要注意。例如，由于学生个体认知水平的限制，在对教科书基本内容进行研究时，要采用严谨的态度；不要假装不会，要不断地学习，不断地提问，直至解决了问题。而阅读课外书籍，则可以采取"不求甚解"的浏览方式。其程序与重点为：略读，疑，辨。

所谓"走马观花"，就是在自己有足够的时间、精神条件下，对不同科目进行全面的阅读，以拓宽自己的知识面；吸收新的东西，不仅能增加新的知识，还能帮助他们巩固基础。

怀疑，是指在阅读时，遇到不懂的题目，一时无法解答的，可以放在一边，留待将来再说。

理解，就是理解。从怀疑到理解，是一种进步。看书要有问题，等以后有了理论、有了知识，有了实际的经历，才能更快地进入"懂"的境界。这正是"不求甚解"的简略阅读方法的初衷。

对于中学生来说，如果采取"不求甚解"的方法，应把握其真实意思，防止以偏概全。也唯有如此，他们才能更快地吸收到更多的东西。

二、粗略的通观大略略读法

"务于精熟"就是要把事情做得"透彻"。"观大略"，就是要从整体上抓住书中的精髓，而不为细枝末节的问题所困扰，以致枉费心力，走入歧途。要知道，所谓"观其大略"，就是一种阅读的科学方式，也就是概括地把握其本质与主旨的阅读方式。大概，就是统帅的意思。一章一册，一册一册，都是他最精华的一节，然后深入研究；这样才能更好地掌握全文的主旨，使得所学的内容深厚而不浅，达到事半功倍、融会贯通的效果。

众所周知，知识浩瀚无边，要想彻底地把握这些知识，无异于幻想。事实上，有些时候，对某一领域的某个要点进行深入的研究，都需要花费一辈子的时间，更别说是将全部的学问都吃透了。不过，要掌握和理解这么多的东西，也不是不可能的。诸葛亮就是一个很好的例子，他精通天文气象，通晓人文，可以说是博学多才。对于浩瀚的学问，只有做到"提纲挈领"，抓住这个"纲"，才能做到"纲举目张"，掌握得很好，领会得很好。打个比方，天空中的星星看上去很耀眼，可是当科学家们将这些星星分成数十个小点之后，这些星星就会"各归各位"。在知道了几个主要的星座之后，便能够通过星星来辨别方位了。很显然，很多知识都可以通过"通观大略"的概括性阅读来获得。

要熟练运用"通观大略"，必须把握好如下三个方面：一是，必须具有相当的哲理素养，具有较强的总结和归纳能力。善于捕捉，发现有价值的素材、观点进行筛选，综合后摘记。二是"身在其中"，深入书本，贵在"悟意"，而非死抓词句。立于书本之上，立于高处，应当注重其精深之要义。三是时刻关注最新动态，走在自己领域的最前沿。四是理解和把握最基本的概念、定理和原理，从而实现对知识的掌握。

对于高中生来说，如果能够学会并很好地运用"通观大略略读法"，那么在阅读和研究过程中，就可以不费吹灰之力，而且还能事半功倍，达到对知识的全面理解。

三、省时高效的浏览读书法

对于阅读这件事，各人有各人的看法。也许，你会看到一些书籍，只是粗略地看了一眼。有的书籍，你看得再仔细，也不过是看一遍而已。你只要看前面几页，就可以把它忘得一干二净。有的已经被看了很多遍，有的还做了笔记。

阅读的方法虽各不相同，但若加以分类，本质上不过两类：一是以"浏览"的方法，看懂了大概就可以了。二是仔细推敲，掌握要点，采用"详读"的方法。

从时间上看，前者可以省一些，后者要多一些。论功效，前者稍逊一筹，后者却是更胜一筹。然而，"浏览"与"详读"二者互为补充，在阅读教学中应给予充分关注。

快速阅读是指在阅读一部书籍之前，对其进行大致的审查。这一时期尤其要注意阅读本书的序、前言、内容提要；目录和正文内的尺寸和尺寸的标题和图表；表格、图片、注释、参考资料，以及其他的一些东西，让你对整本书有一个总体的感觉。这样既能对本书有一个大概的认识，又能激发自己原有的相关知识和经历，为以后的学习和研究奠定良好的基础。

古往今来，凡是博学多才的著名学者，无不是将"浏览"与"详读"相融合的典型。

鲁迅在读书时，有个"随便翻翻"的习惯，就是说，他可以很容易地把普通报刊和期刊扫一遍，或者挑一篇或两篇，或者干脆只是扫一眼内容。

或许有些人会说，这么看下去，会不会有什么好处？事实上，我们说的"随意"并非

"随便翻翻",它也是阅读的一种方式。

这是一片浩瀚的海洋,要把所有的书都仔细看一遍,一来没有足够的时间,二来也没有仔细研究的必要。因此,对于普通的参考书籍、资料性的书籍和休闲类的书籍,他可以随意地"浏览",节省了大量的时间,提高了工作的效率。

鲁迅曾经说过,要弄到一件事是很困难的,但"随便翻翻",可以使我们广泛地吸收知识,使我们能够持续地累积知识。

许广平在他的《鲁迅回忆录》里指出,单单一九一八年到一九一三年间,鲁迅所看的书籍,就有诗歌、杂著、画谱、杂集、杂集、尺牍、史书、汇刊、墓志、碑铭等等。其后数年,又有诗稿,文人文集,从书,小学,佛经,拓本;金石文,瓦当文字,壁画;造像,画册,法布尔、托尔斯泰等世界著名人物;有些陀思妥耶夫斯基和其他人的工作。根据不完全的数据,仅现存鲁迅收藏的图书就有三千八百余种,一万两千多本;此外,尚有五千余幅碑刻拓本。鲁迅所"浏览"的书籍,占了绝大部分。

鲁迅如果不采取"浏览"的阅读方式,而要"句句研读""探索清楚",那么他永远也看不完了。

对于鲁迅那种"随便翻翻"的走马观花般的阅读应该如何理解。首先,他有一个很好的阅读习惯,并且对阅读有很强烈的爱好。手里拿着一本书,就觉得心里不舒服,总是要"翻一下目录"。其次,鲁迅以"浏览"为主要手段,以调整阅读氛围,缓解阅读的倦怠;他这样做,就是"当他写文章,或者读一本必须要读的书,累了,就把这本书当作一种娱乐,使他摆脱疲倦"。

"随便翻翻"就是粗略地看一看,鲁迅就是要将阅读与细读有机地联系在一起,这样才能互相补充。要以阅读为主,依据自身的基本兴趣,尽量与工作及职业相联系,选取一本或多本专门著作,进行系统性深入的研究;坚持下去,让自己的学问有长足的发展。

大家提倡阅读时要"浏览",阅读时要看书要有什么样的需求和目标。

第一部分,就是"详读"的预备阶段。在"详读"一部作品前,要先熟悉这部作品的重点和章节布局,这样才能对作品的整体结构有个大概的认识;这样才能在"详读"中有所侧重,做更深层次的研究。从这个角度来看,"浏览"就是"精读"的铺垫。

第二,对于一本书籍,要不要"详读",先"浏览",然后才能做出判断。在这种情况下,"浏览"就是对"详读"的取舍,是"投石问路"。

第三,"浏览"是拓展眼界、充实学识的一种方法,要在较短的时间里尽量多阅读。

第四,"详读"后,"浏览"还包含调节你头脑的功能。这么一来,不但可以消除疲惫,而且还不会耽误太多的时间。

他看得很快，几乎是"一目十行"。根据专业人士的计算，一个人的阅读速率，以每秒7个词来计算，30分钟即12600个单词，即15张左右。而阅读的时间要短的多，半个小时就能看完。

要知道，尽管"浏览"和"详读"的规定不尽一致，但绝不能随便"走马观花"，而不加思考。

第三节 速读法

如果只是一味地追求速度，那么常常无法达到读书的目标。快速阅读的本质在于快速获取有效的信息。对于中学生来说，要做到快速理解和消化，迅速把握重点，要结合实际情况，灵活应用。

一、一目十行的扫读法

扫读最大的特征就是眼球由横向向纵向迅速转移，仅抓住关键字。这本书有两个优点，一是书名、论点、论据等，一眼就能看懂。二是缓解了"读书多"和"读书少"之间日益突出的矛盾；在今天的知识经济年代，扫读技术将会被更多的人所使用。扫读是一种面型的阅读方法，在第一时间要把整个文本都浏览一遍，掌握所要阅读的内容的体系和结构，寻找所需要的记忆。这是一种进阶的方法。高尔基用的是一种纵向阅读的方法，他把一本书从头到尾地看一遍，就好像在走楼梯一样，他已经读过了许多书。

我们中国古代有"一目十行"的说法，用的就是这个方法。所以你要珍惜这个速成的办法。扫读有如下几个过程。

1. 第一步：快速阅读

在读完序言和后记以后，我们就可以开始阅读文章了。他飞快地看了一遍，大致了解了一下。在上一章中，我们提到了看书不能急，这是从对书籍内容的了解和把握上讲的，不要贪图速度，否则就会失去对书籍的充分了解和把握。但并非要全盘否定快速阅读，而要以了解为基础；快速是最好的，特别是快速浏览对你的阅读有很大帮助。

快速阅读是获取知识最有效的方法。有关人士表示：创意工作的效能是与获取及处理的资讯数量呈比例关系，若能快速阅读，则可提高工作与学习的效能。有人说拿破仑可以一分钟读2000字，巴尔扎克可以在半个小时内完成一部小说，他们的速度之快让人惊叹。研究显示，快速的阅读并不影响理解力，而重点在于根据适当的快速浏览。快速阅读技能一旦建立，不仅能在较长时间内保留下来，还能对其他语种产生迁移作用。比如，更快速地阅读汉语资料，同样地，我们可以更好地理解英语内容。因此，为了更好地适应快速阅读的需求，就应该加大识别间隔。而要达到这个目标，最好的办法就是按照"面式"的标准进行专项培训，从而逐渐地提升自己的"读速"。

2. 第二步：敏捷思考

快速阅读阶段，在快速阅读的过程中，也要灵活地进行思考，以了解文章中所传达的意思及要点。别看得很快，但又看不懂，要看得快，一定要有灵敏的思维。为了确保快读，学生应该专注于敏捷的思维。

3. 第三步：推断和预测

良好的读书行为并非只接受知识，而是主动地去感知，去记忆，去思考。当阅读的内容越来越多，意义越来越深，情节越来越复杂时，人们不但需要对文章有更深入的理解，更需要对文章的本质和发展做出推测和预言。如果能够精确地推测故事的发展，并且能够很好地预料前后之间的联系，那么就会使得读者更加容易地进行下去，从而提高了阅读的效率。

4. 第四步：细读重点

通过快速浏览文章，读者已经大致了解了文章的要点，对整个文章有了比较清楚的了解。在这种情况下，阅读主体可以按照自己的要求或喜好，从文章的某个段落开始阅读，将阅读与阅读相结合。

二、提纲挈领的跳读法

快速阅读是指在阅读过程中，故意略过某些段落，直接捕捉重点内容的一种快速阅读方式。快速浏览会让你的头脑对单词做出更多的回应，它会忽略掉一些无关紧要的东西。

读书时，往往只是知道文章的大意，并不一定要抓住具体的情节，但如果受限于时间或不必通读整篇文章，则要擅长概括性的略过。

比如，阅读一部新的书籍，只阅读序言、目录、内容摘要，而不需要仔细阅读。在读

初中语文阅读能力培养的研究

一篇短文时，只要略过标题、黑体、斜体和关键句子，就能把整篇课文从头到尾读一遍，或者跳过开头和结尾两个句子。一般说来，所有阅读材料，尤其是学术作品，往往在段落开始时都要概括地写上几个字；最后一句常常是结尾。在阅读的过程中，也可以略过重点词语。

快速浏览是一个非常有效的方法，可以达到2000个单词/分钟。初中生想要看到教师指定的很多辅助读物或者是参考书目，光靠细读或者正常的阅读速度是不可能的。快速地看书可以帮助他们在不浪费大量时间的情况下加快阅读的速度。

跳跃阅读有助于积累资料，储备也是非常有用的。对于那些经常忽略资料的人来说，他们不可避免地会碰到自己喜爱的一篇或一本书籍里的特定内容，而在需要的时候，他们会仔细研读。

（一）跳读的特点

其最大的特色在于省略了大量的小细节和小故事，从而使读者对整本书有整体的了解，节约了大量的时间。快速地浏览一卷书籍，如同打谷，让读书把真实而富有养分的"谷粒"与无用的"糟糠"加以区别。同时，适当的"跳读"也是一种与人的认知活动相一致的语言现象。

首先，我们从心理学的观点来看，在阅读过程中，眼球的移动并非平滑地跟随着物体，而更像是一系列迅速的跳跃，即"眼球跳动"。在这种情况下，所有的阅读都是跳跃的。我们还可以用一个实例加以证明。我们的眼睛在街上的人群中搜寻着，或者在车站出口迎接。但是，我们经常会错过。这是由于当我们扫视时，我们只能在跳跃的眼睛停止凝视时看见物体。换句话说，当我们寻找到"眼球跳动"的时候，我们的注意力就会被转移，所以我们错过了最重要的目标。稿件的校对也是这样，好的校对员从来不会一直读，每一个词都要停顿一下，也就是说，每一个词都在跳跃。

从心理学上讲，眼睛接受单词的时间要比思考的时间长得多。因为在阅读与思考的进程中，二者之间存在着较慢的速率，常常导致头脑"空转"。一个不留神，就会让人失去思考能力，虽然他的双眼能看见所有的字符和符号，却无法在脑海里建立起一个整体的概念。正面思考受到限制，表现为"视而不见"。而跳跃式阅读，则是因为忽略了一些无关紧要的东西，所以可以减少接受单词的时间。

（二）跳读的主要种类及方法

当人们急切地想要收集资料，或者对自己的阅读水平有需求时，就可以使用跳跃式的方法。在这种情况下，读者会将文件中不重要的或者已经知道的东西，比如套语、引用的材料、推导的过程等等，直接一整行、整段甚至整章都略过，而仅仅以搜索关键词的方式抓住要点。快速阅读和快速浏览是很类似的，但是它们之间也有着很大的不同，快速阅读可以忽略一些内容而不去阅读；而快速浏览，却是一张一张地扫过。经常地，跳跃以各种特定的方式出现。

1. 主要以首尾句为阅读对象和以语法结构词语为导向的跳读

按照一般的写法，段落的开头通常是一个总的句子，结尾是一个衔接和逻辑的句子，而在结尾处，则是描写、推理、补充，比如举例、引申、发挥。我们只须阅读每个段落的开头和结尾，就能很快地了解到作家的思路，把握整本书的主要内容，而不受那些细枝末节的干扰。然而，往往会出现一些特例，如：有的时候，文章的开头和结尾都没有体现出文章的主旨，那么，我们就可以根据这些句子的语法结构来指导，去寻找一些总结性的词汇。当你在看书时，把注意力集中在那些单词上，也能帮助你理解它。

2. 主要以文献中的突出部分为阅读对象的跳读

在文学作品中，作家都会想方设法地把自己所要表达的某些想法或感情加以强调，这样才能给人留下最深的印象。此外，作家和出版商往往在作品的构造、整体编排乃至字体的印制方式等方面都做了规定。例如，有的时候使用题目，或者使用多层题目，以强调文章的主旨和文章的逻辑架构。还有一些书籍采用了引人注目的版式，改变了文字，强调了中心句。例如，定义、结论、警句、引用名言等，都会被标注在醒目的地方。快速阅读尤其适用于快速掌握阅读材料的结构，理解并接受作者的想法、感情和意图。

3. 主要以主题词、关键词为阅读对象的跳读

它是基于思想的逻辑，也是基于概念的逻辑。所有的文学作品都是以人为中心的，而在文学作品中表达人物或事件的词汇被称为"话题词"。作者的思想情感阐释随着主题的各个层面和层次的展开而不断扩展；这样，读者就可以轻松地把文章的中心思想整理出来，然后再去看那些表达了这个话题的关键词。例如，一篇关于阅读技巧的作文，其核心关键词就是"阅读方法"。当你阅读这些作品的时候，你可以略过特定的段落，只看"阅读方法"和"运用阅读方法"这些关键词，你就会知道这篇论文的内容。

4. 随意跳读

这是一种高度主观的跳跃阅读。与以上三种以理解和接受为主的方式不同，这三种方式都把读者的兴趣、需要和想法放在第一位，把阅读材料置于可以随意挑选和"宰割"

的位置，按照自己的意愿，按照任意的次序，按照"我"的要求，找到自己想要的东西。在学术性的阅读中，这也许是无效的，并且忽略了许多作家的主要观点；这对检索型阅读（例如寻找数据）非常方便。

5. 语法词跳读

"快进"有两种情况：一种是集中注意力在语句中的结构性词语、篇章中的结构语上，通过那些词语或词组去寻找有含义的词语和语句，从而掌握整本书的脉络；二是侧重于对诸如"名词""动词"之类的核心词语的阅读，而忽视了诸如"定语"之类的附属成分。在读的过程中，只有抓住了这些，才能更好地理解文本的结构形态，更好地理解文本的深层内涵。

6. 跨书跳读法

哥伦比亚大学文科学校的"阅读改进"小组组长友琴·里希提出了一种方法，就是把一些相同的书籍带到不同的地方，然后在不同的书籍之间跳跃。他说："看三四部难学的书籍要简单得多，因为一部能阐释另一部。"它可以被认为是一种最大的跳跃，最多的省略部分，尤其适合在进行一项专门研究时查找数据，或者为了理解一个问题的不同研究者所得到的不同结果，或者是为了获得同样的结果而使用不同方法，等等。

以上所述的"略读"方式，通常与其他的阅读技能相结合。在阅读过程中，通过对阅读材料的科学运用，可以更好地掌握整本书，从而达到节约阅读时间的目的。

先前已经说过，在读书时眼球的移动是一系列迅速的跳跃，而这些讯息只能在眼球停留的时候被察觉。所以，就算是看得很仔细，也会漏掉一些单词。这是因为，学生们被"跳读"给引导了。为弥补这一问题，本研究采用"结构同构"的生理跳跃方式，刻意省略烦琐的叙述和解析，将注意力集中于眼球和停顿处，将两个点交汇的地方"一字不漏"地记在心中。可以说，快读就是利用对第二类信息的遗漏，减少了对文本的接受，达到了"读"和"想"的目的，达到了"读"和"想"之间的"同步"，使"读"的效率得到了极大的提升。

（二）跳读的适应对象

从深层本质上讲，跳读即古人常说的"钩玄提要"式的阅读，也就是对于书籍、文献资料，采取有的部分读，有的部分不读的方法。我们可以把它归纳成两类。

1. 与研究课题关系相对次要的理论书籍与理论文章

在科研工作中，经常使用这样的方法来阅读一些较小但又不得不阅读的材料。至于其中的要点，自然是不能随便忽略的，但是，一些较小的材料，比如其他作者的著作，那些具有参照作用的同时代或同一流派的作者，都可以粗略地看一遍。

2.难度较大的读物

阅读此类书籍时，应采取跳跃阅读的方法，先找到自己能够理解的内容，切勿死记硬背艰深的章节；不要去看不懂的章节，当你看了之后，所有的东西都会豁然开朗。举个例子，一些伟大的作家，例如雨果、托尔斯泰，都会有一大篇关于精神状态的描述，这些都是初入文坛的青少年所难以理解的。在这种情况下，你可以采用跳跃式阅读法，直接跳过这个段落，在阅读这个故事之后，你会发现它并不是很难。

三、逐句逐行的线式阅读法

当你看书的时候，你可以用词组或者句作为视线的单元，快速地看一眼就能看到一个词、一个句子或者一行。线性阅读具有宽、快、量大的特点。

在进行线性阅读的过程中，应掌握三个要点。

（一）努力增大所领悟的"完形"

我们的阅读不只是眼球的活动，更多的是一种"解读的过程"。本文认为，"解读的过程"属于思维型的精神现象。因此，能不能快速地读完，除了扫上三五个字外，最主要的还在于阅读的思考，把字汇成一个有含义的整体。

一些心理学者将这种完备的语义单元称作"格式塔"，即"完形"。格式塔理论指出人类的思想是以语义单元来思考的。所以，要想在口语或书面资料中找到作家所要表达的意思，就不能只从一个单词里找，而应该在词组、句子、段落等单元里，在词语的内在联系中去找。

要改善我们的阅读水平，最重要的是要掌握更多的"完形"知识。

（二）可以在视角上下功夫

视场单元的尺寸和阅读角度之间存在着紧密的关系。当我们在看一篇文章的时候，只会看懂主视区里的内容，而次视区里的内容却是一片空白。在主视区中，视觉、记忆和理解是三位一体的，而次视区中的词汇只有在眼球停留后重新启动时，才有可能对其进行"阅读"。当最后一个眼球运动结束，再进行下一个眼球运动时，对原视区的视觉、记忆和理解也就差不多结束了。在新的视区，他会不断地做同样的事，然后再一次地看下去。

读书时，也要留意主要视觉区域的内容。经统计，有些资料在前面，有些在中间，有些在后面。有数据表明，在一篇文章中，信息在开头、中间、结尾的分配趋向于均衡。因此，主视区并不重要，重要的是，它能让读者看得更清楚。

（三）要加快阅读视线的移动

在行读过程中，眼球会发生"眼停"与"眼动"两种模式之间的切换。因为在"眼停"过程中，捕捉到的文本素材的数量称为视觉的单元，因此，在一段特定的时期里，视觉的运动速度会更快，可以读出更多的单词。

提高眼球运动速度的方式有很多，比如提高眼球的运动速度，也可以提高眼球的抓字速度。通过这种方式，可以极大地提高皮质内视神经的兴奋性，同时也能抑制可能的言语激活，从而逐步消除无意识的言语活动。逐渐实现了在不通过视神经将完整的文字信息转化为有声语言的信息，随后将语言信息经由听神经传递到大脑的复杂的处理，而是通过视觉系统将词汇信息传递到大脑，从而实现对信息的直接解读。

可以从以下三个方面进行专门的培训。

1. 利用定时朗读的方法进行实践

在每个训练中记录你读了多少单词以及你用了多少时间，然后统计你的阅读速率，看看你的阅读效果。

2. 利用背向阅读方法进行实践

将一篇论文看6次后，逐步缩短阅读时长，并进行"眼脑直映"的锻炼。

3. 运用闪烁的方法进行实践

先是单词，然后是短语，然后是11个词、12个词，一直到24个词，当视区扩展到24个词的时候，已经能一眼看到一行。

四、用默读法控制发音

当你在看书的时候，你的脑子会把你的话听进去，而不需要你的语音器官去听，这样的读书方法就是默读。使用默片时，因为发声器官受到限制，视线不再被逐字改音所束缚，因此视野宽广；便于按句子、行、段、页来读，也可以按目的浏览，跳读。因为是直读，省去了读音这一环节，因此读起来要快一些。根据这项研究，对于普通的读者而言，默片的速度大约是有声的三倍。

默诵和默诵不同。单纯的阅读，并不代表你能听到你的语音，而是你自己去听读，这意味着你大脑的语言活动中心和相关的发声器官处于一种非常活跃的状态，这种状态可以通过一种科学的工具来测量。当你读书的时候，你会听到一种轻微的，不易觉察的声响，这是一种无声的倾听的感觉。运用默诵方法，彻底消除了内在听力，把对词语的认识转化为内在的语言，使之易于思考。"内在语"指的是一组能够体现文本的关键字，剔除多余的和次要的信息，是一种非语音形式的"默语型"。

要使用"默读"方法，首先要掌握好语音，并能直观地体会词语的含义。概括地说，默读的重点在于克服"四动"。

第一个问题，就是"唇动"这个词。他的嘴很小，很难被人听到。

"舌动"，是第二个特点。这就更难发现了，也很难想象。在我们闭上嘴巴时，舌是不动的，但在我们看书的过程中，它却是一动不动的。我们都以为它不会做什么，也不会发出任何声音了。

第三阶段为"颏动"。这也是一种隐蔽的声音，它用人类的耳朵无法听到的声音来进行朗读，这样就会减慢我们的阅读速度。

"喉动"，是第四个技能。它和它的舌头下面的肌肉一起，悄悄地加入了他的阅读。而且很难被察觉，除非你将一个高灵敏度的麦克风绑在脖子上，当你看书的时候，扬声器就会发出细微的声响。

若不能很好地纠正这种隐性的"潜伏"行为，将会对"快读"产生不良影响。以下是克服这些困难的办法：

一是完全松弛咽喉部位的所有肌肉。

二是闭上双唇，用糖果来减轻你舌头下面的肌肉在读书时的震动，这样做一次练习以后，你舌头下面的肌肉就会悄悄地参加到你的读书中去；这样的话，就不用吃着糖果了。

三是可以用手轻轻按在咽喉上，如果发现有规律的震动，就表示还在继续。在这种情况下，你可以用上面的办法来解决这个问题。

四是要养成良好的读书姿态，才能解决颏动和膈肌颤的问题，因为读书的速度太快，不代表你的呼吸速度也要快，这样就不能进行快速阅读了。当你看得很快的时候，当你的身体组织得到休息的时候，你的头脑就会变得非常专注。练习腹式呼吸，可以使身体各部位的肌肉及其他组织得到放松，对改善颏动及膈肌震颤也有很大帮助。

此外，以下两种方法还可以用来进行默读的练习。

一是人为控制声音的机械和强制。比如，用舌头舔嘴唇，或者嘴里含着东西。该方案可对语音分析器（口腔、牙齿、唇舌等）外周神经进行基本调控，而非中枢调控。所以，在刚开始学习的时候可以使用这个方法,但是想在读的时候把声音的大小完全掌握,就不能依赖这个方法了。

二是以攻代守。在阅读时,用手指有规律地敲击,这样的连续有韵律的敲击可以避免内部和外部的声音;要想熟练地运用有节奏的敲打法,首先要根据乐曲的节拍来进行敲击,一般都是2/4拍,第1节敲击4下,第2节敲击2下,第1节敲击的声音要大一些。在锻炼过程中,自己可以有规律地捶打自己,也可以重复进行,一般来说,每天坚持20个小时左右,就可以把声音的大小进行有效的控制。

第四节 研读法

研读,即边读书边琢磨,边分析边思考。比如,推敲阅读法,有利于中学生阅读中开动脑筋;五步阅读法,有益于中学生灵活阅读;提要阅读法,有助于中学生在阅读中抓住要领等,种种方法只要善加运用,都能提升阅读效率。

一、精琢细磨的推敲阅读法

"推敲"一词源自唐代贾岛,他正为"僧敲月下门"还是"僧推月下门"一诗的动词选择而思索良久,不期撞上了韩愈,于是便留下了一字之师"推敲"的美名。现在我们来学习推敲阅读法,也要像古人一样品出个味道来。推敲法分为字词推敲法、句子推敲法、解疑推敲法三类。

(一)字词推敲法

有些老茶客,不管是哪种茶叶,一冲泡,都能说出个大概,产地、品质、品级。这就是品位。看书的时候,就得学着这样的感觉。

要想了解词汇的含义,就不能仅仅依靠训诂和参考书,尤其要从语句、整体的意义上去思考、去研究,才能更好地把握词汇的表意功能。例如鲁迅所著的《孔乙己》中,两次描述了孔乙己为自己付酒钱的情形,一是"摆出九文,二是四个铜子",前一句写的是孔乙己平常的自高自大,后一句却是被人打得残废了。只有把这些文字联系起来,才能准确地领会其中所要传达的意思。

对文学作品中的字词要再三斟酌，单纯的词汇、词义也要细细琢磨。众所周知，在中国古代，很多学者都很重视对字词的解读。朱熹在谈读书的时候曾说过，读书遇到生僻的词语，要像官员审案子一样，要追根究底，不能就这么算了。从汉朝开始，就出现了对古籍字义句释的研究，即"训诂学"。

那么在阅读过程中，应该从哪些方面入手理解字词呢？

一要准确把握词语的意义。这就要求既要理解一个词语的表面意思，又要理解它的深刻含义和感情色彩。

二要注意词语表达思想的作用和表达的艺术效果。优秀作家所写的好文章都非常注意词语的使用和推敲。曹雪芹写《红楼梦》时，就下过"为求一字稳，耐得半宵寒"的工夫，大诗人杜甫也曾说过："为人性僻耽佳句，语不惊人死不休。"

（二）句子推敲法

在审句上，林语堂堪称当代文坛的最具代表性人物。他视读书为品尝美食，读好的书籍如有"三个月不见荤腥"之感。他说："要想看书，首先要知道味道，这才是阅读的根本。"味道这种东西，说不清道不明，每个人都有自己的口味，每个人都有自己的口味，所以你要知道自己喜欢什么，才能品味到味道。"

林语堂视品味为阅读之全部目标，以此为目标来阅读，方可称之为一门学问。他相信，只要掌握了这样的阅读方式，他的阅读就会变得有趣，他的谈吐也会变得有趣，他的作品也会变得有趣。

林语堂也意识到，同样一部作品，同样的读者，在不同的时代里，可以看到不同时代的不同。

在阅读中品味，是一件愉快而有趣的事情，翻开一本又一本的书籍，如同与世界上最爱说话的人交谈。此人将带领你和他谈论你从未了解过的事物。当我们在看书的时候，遇到一些意思简单的句子，比较容易理解，但是遇到一些含义很复杂的长句和难句，就很难理解了。那就是你的推理能力了。

好的作者往往会在文章中留下意义深远的语句，以达到抒发自己想法的目的。在阅读过程中遇到这样的语句，既要理解其表层含义，又要理解其深层含义。

语义较为深入的语句主要有三种类型。

1. 妙语

格言大都能以简洁的文字表述深奥的哲理，使人深思和获得启示。例如："我认为：

但愿本来就没有存在，不管有没有。就像是在地面上行走，地面上本来是没有道路的，但随着时间的推移，道路也会变得清晰起来。"（鲁迅的《故乡》）由表层看，"路"的深刻内涵是人生之路，社会变革之路，其寓意是：只有广大人民自觉地前进，才能实现这一目标；才能为中国打开一条新的道路。

2. 反话

反讽经常使用与原意相对的词汇来传达意思。正面的反问句，具有一种反讽的语气，以加强所要传达的信息。鲁迅的作品中有许多类似的事例，此处不再一一列举。

3. 一句话

双关语是一种常用的修辞手段，它能在一定程度上实现语言的二重含义。

因此，在阅读过程中，要注意理解意义的隐喻性语句。理解的方式就是将语句放到整个文本以及整个文本的语境中进行思考。格言要寻找蕴含在句子中的哲学，反讽要寻找其积极意义，而双关则要寻找与句子意义有关的东西。

在阅读时，要加强对语句的认识，可以将自己对此类语句的理解记在一旁，让高中生们将这些语句勾勒出来，一些谚语和警句也可以进行归类并抄写，从而丰富你的语言。

（三）解疑推敲法

近代史学家潘吉星在谈及自己做学问的经历时，曾经说过："读书和做学问，切不可懈怠，凡有价值之资料，必逐本溯源，溯本溯源；绝不能只凭一手资料就满意，否则一转手，就会被作家的看法所左右，常常出错。"

所以，如何使用疑问推理方法？

寻找"疑点"，才是最重要的。就是说，我们要作一个用心的人，要能从书中发现可疑之处。

竺可桢最早以"宋代雪"为切入点，对气象学进行了初步的研究。在一九二四年阅读二十四史时，他注意到宋朝有很多关于"雪"的记录，这让他对这本书很感兴趣。在这一基础上，他将宋朝一些关于"雪"的记述进行了整理和扩充，并将宋朝的其他气象材料也一并收录了进去。因此，他先后发表了一批重要的学术文章，如《南宋时代我国气候的揣测》《中国历史上气候之变迁》《历史时代世界气候的波动》，这些文章，无论是在中国还是在国际上，都有重要的学术成就。

因此，探究问题解答方法对中学生的研究有何助益。

第一，怀疑是一个积极而又有意义的思考活动。"疑"是某一时期思维的成果，也是更深层思维的出发点,由于怀疑的存在,会让思维处于一种兴奋和活跃的状态,引发探索反应,进而提升阅读的效率。好学的人,通常头脑灵活,思想开放,从而可以思考,可以提问,可以深入。从而实现从内而外,去其糟粕。如果你有疑问,却没有提出问题,那就说明你的思想很混乱。因此,学生对所学的内容难以理解,难以掌握。

第二,怀疑可以催生出新的学说。在运用《发现疑问解读书法》的过程中,要敢于创新,主动思考,并能在实际中形成自己的意见;进行考证、修正和改进。对旧理论的挑战,是一种新的理论生成的过程。

二、循序渐进地进行五段式解读

在读书的过程中,中学生不能只将头脑当作一个库房,死记硬背,死记硬背;以此为依据,发表自己的独立判断与看法。要达到这个目的,首先要学会"五步法"。

"五步法"即:读—看—想—研究—创造。这五步到底该怎么走。

(一)阅读

阅读就是要采用通读、精读、略读等各种方式,了解、熟悉和掌握书的主要内容、基本观点,以及主要结论。有些重要的部分,还要记熟,同时做好阅读笔记、圈点批注、阅读卡片,等等。

(二)观察

观察就是对照书中所述进行实际考察。阅读以后,不要人云亦云,成为书本的奴隶。无论书的作者有多大名气,都要敢于质疑。但怀疑不是凭空的,检验真理的最好办法是实践。因此,了解书本中的概念、原理、观点、结论后,应该进一步走进实验室或到改造自然、改造社会的生活实践中去,观察那些概念和原理等能否经得起实践的检验。

(三)思考

思考就是对书中所述与观察所得进行比较分析。走出书本进行观察之后,必然会有自己的发现。这些发现可能有多种类型,如发现书中某些内容与实际情况相吻合,某些内容与实际情况不完全吻合,有些甚至相悖等。中学生对这些观察结果,不应无动于衷,而应该把它们作为创造性思维的触发点,仔细思考造成这些现象的原因和条件,从而加深对事物的理解。

（四）钻研

钻研就是在经过阅读、思考提出新的问题之后，做进一步的研究。在研究时，可以提出假设，然后采用实验、调查、观察、总结经验等多种方式验证所提出的假设。钻研也指在原来书本结论的基础上，开展补充性、扩展性的研究。

（五）创新

所谓"创新"，就是根据上述四个过程不断地产生新的观点、新的见解。

上面所说的"五段读"和"写"，其实就是"读"与"读"结合起来的"读"。这一方法不但适合于自然科学的研究，也适合于研究社会和工业、农业和工业生产的各类经营问题，还可以供高中生阅读。从阅读的作用与影响来分析，五步法是一种富有生机与创造力的阅读方式。这样的阅读方式对于中学生来说是非常有益的。

三、提纲挈领的提要钩玄阅读法

很多人都了解韩愈，他是唐朝有名的文人，因为他的封地在昌黎，所以被称为韩昌黎。其"自觉阅文，曰百字千字，皆能通六经，百家之学"。他的作品反对骈句，他的诗歌追求新颖。他和柳宗元是古文运动的主要支持者，并被称为"唐宋八大家"之一。韩愈在读书方面亦有深入的研究，并给后人以深刻的见解。

韩愈在其《进学解》中称其读书的方式为："口不能诵六艺，双手不能尽览百篇。史官要择其要，撰者要择其深奥，欲求而不可求，则不求精而不求。"后世对此做了总结，称之为"提要钩玄"。

首先，我们来看看韩愈所写的一本《读〈冠子〉》，从中可以看出他是如何总结归纳的。

《冠子》共九首，其词多为黄老之作。他的《博选篇》中，就有"四稽""五至"的说法。其以"贱生不用，中流飞船，一罐黄金"为题，余三阅之，为之哀也。讹误之处，正者三十五，乙者三，二者二，注十二字。

他首先说明了它有几个章节，然后说明了它的主题。此书为先秦时期的著作。黄老是道教的人，他讲的是老子的理论。刑鸣，亦法也。此书以"道""法"为主要内容。又指明该书的精要，其中有一部叫作《博选篇》，其中有"四稽""五至"之论。"四稽"，就是从这四个角度进行研究。"五至"，就是要做到"五要"，就是要为天下谋政。

从这段阅读札记可以看到，韩愈并非只记住一部书的主要内容，他首先要做的就是要写一部书的梗概，然后再将它的重点写出来；同时也要把你的观点记录下来，从中挑选出最好的句子。从中我们可以了解到韩愈如何"提要钩玄"，也可以从他的"摘要"中汲取营养。

韩愈的读书方式，着重于读书时要勤读书、多读书、多背诵。在阅读各家著作时，必须先对书籍进行分类，再根据它们的属性和种类来解读。对这些记录性图书，在读时要把握其要旨，即要把书的要点概括出来。对这些理论性的书，一定要挖掘出其中的精髓，也就是说，要掌握其中的精髓。

若能够将自己所学的东西总结出来，那就更好了。由于"提其纲要"可以让你看得明白，书中的事情是怎么发生的，怎么会发展到这种程度，为什么会有问题；这样就能更好地理解事物的内在关系，通过事物的表面，见其实质，取其精髓，去其糟粕。所谓"钩其玄"，就是要抓住重点，领会其中的精髓，抓住重点，研究重点；这样才能开拓眼界，启发思维，增加学识，创造创造。

如何使用"提要钩玄"来阅读书法。

首先，要在阅读中思考，仔细阅读原著，不要只看表面，不要只看表面，也不要理解。英国哲人培根曾说过："我们不能像一群蝼蚁一样去采集。"也不要像蜘蛛那样，从肚子里抽出丝线来。我们应该象蜜蜂一样，把所有的东西都收集起来，然后把它们收拾干净，然后再把它们收集起来，这样就可以生产出甜蜜的蜂蜜。"仔细研究原著，要做到一次不成，二次三次。韩愈"于三读"中"三"为虚号，意为"多读"。当你把一本书看得多了，它的精髓就会慢慢地显露出来。所谓"百闻不如一见"，便是如此。

其次，阅读时应自觉地进行归纳总结。有些人虽然看得很仔细，也很用心，但是他们看得很清楚。只抓书本的表面，丢掉书本的血肉，缺少一般化。有较好的综合能力，就会抓住重点。

高中阶段的学生在进行一项课程的教学时，往往会觉得课程的内容很复杂，有时会出现头昏眼花的现象。但是，如果能够"提要钩玄"，掌握了这些基础的东西，那就不一样了。

四、高度提炼的归纳阅读法

中国有句俗语说得好："管中窥豹"，这句话用在人的眼睛上。这意味着，从一根细小的管道中观察豹子的身体，其结果可想而知，"可见一斑"。然而，假如"管"不止一条，那么不但能看到很多"斑"，还能看到豹眼、豹鼻，乃至全身。所以，在初中语文教学中，我们还可以采取"多管窥豹"，即对汉字进行总结和解读。

读书或写作，若要搜集、整理和分析所要学习的问题；把它们集中起来，获取有用的资料，以便理解。这个时候，就可以利用"读书识字"了。

就拿历史来说吧。要把握好历史的脉络，注意研究的方式。历史学具有历史人物多、事件多、时代背景复杂等特征，容易混淆。在学习过程中，若不注意学习方式，只凭死记，是达不到良好效果的。

在研究历史时，要按照时间上的纵向顺序与同一时期内的历史事件在纵向上的联系，做清单式的总结与分析。这种方法既方便了对基础史实的记忆，又有利于掌握大量的历史事件的内部关系，也有利于增强对问题的分析和总结能力。

这是一种很有用的方法，叫作"诱导式阅读"。这个清单归纳有两个方面：

一是垂直目录法。纵列就是按照年代的先后顺序，将各时期发生的事情进行纵向整理和归纳，再一一对比它们的相同与不同之处。例如，学习《中国的土地法》时，可以按时间顺序，一个王朝一个王朝地理顺。理清这一脉络，我们可以看到我们的农地制度发展的脉络，把握它的演变脉络。通过对比，我们可以看出各个王朝的土地制特征。两者之间，有着明显的区别。比如《集权制》一文，将其整理之后与各个朝代的背景进行对比，可以清楚地看到我们国家封建时期的中央集权制度是如何加强的。通过对这些主题的对比，我们就能更清晰地把握中国的发展和变迁的规律。

二是水平目录法。水平清单按年代顺序排列，但按空间顺序排列。如此整理之后，对比两者的相似之处，还是很有效果的。举个例子，把中国的资本主义革命与日本的资本主义革命进行对比，如果不把它们分类整理就会乱糟糟的，模糊不清。仔细一想，相似的地方和不一样的地方，就变得清晰起来。在总结的过程中，还能更好地把握一些事情的共同点和特点，一举两得。

归纳式的方法不止一种，也有旁注释归纳阅读法。所谓的旁注释归纳阅读法，是指通过思考和分析书籍中的某个章节、某个情节等，用自己的文字对其中的要点和基本精神进行归纳，从而知道它的段落大意、内容提要、主旨，然后将总结出来的内容用旁注的方式记录下。

当我们写作时，常常将一篇论文拆分为若干段，每一段都有一个主旨。因此，中学生在读课文时，要注重对文章的分析，并学习概括文章的主旨，这是理解和掌握一篇论文的先决条件。

总结一篇文章的主旨，关键是要抓住主题。同样一篇文章，从多个方面来解读，就会有不一样的内涵，因此，必须把代表部分的段落意思放在文章中进行总结，这样段落的意义才会被正确地表达出来。

要精确地领会一段话的含义并非易事。首先要精于总结、剖析，透过文章表层的内容把握其本质；其次，要搞清楚各个篇章内句子间的相互联系，掌握各个篇章所要表现的各个层面。第三，要明确各段在文章中的关键位置与功能，深化对各段意义的认识。

在阅读时，我们采用了旁注释归纳阅读法，将对每一段的内容进行总结，并将其总结成段落大意，写成段落摘要，这样能够帮助我们更好地了解整个文本，从而强化记忆。

比如，鲁迅于一九二六年所著的一篇忆苦思甜的随笔《从百草园到三味书屋》。本文以幼年时期的两种人生为对照，对封建的、禁锢孩子身心发展的传统思想进行了较为深入的批评，这是本文的主旨所在。因此，不管是百草园里的人生，还是三味书屋的人生，都是以此为核心展开的。以这种方式撰写摘要可以帮助你更好地了解全文。

把握了文章的主旨，就把握了一份作品的精髓，这样才能更好地理解整篇论文。高尔基曾经说："凡书籍皆是整个人类心灵努力之结果，正如书籍是人们头脑风暴之后，经由个体之手所撰写之最精炼之文字。"

第五节　个性阅读法

学习忌讳千篇一律，读书需要因人而异。由于每个中学生的实际情况不同，别人适用的方法，不一定适合自己。要使读书的效率高，选择读书方法时一定要因人而异。同时几种方法可以交叉使用，有机融合，从而达到高效读书的目的。

一、浮想联翩的联想阅读法

我们每个人在阅读时，都会时常出现一种思维跳跃的现象：就是由我们读到的知识突然想到另一种相关事物或表面并不相关而又有内在联系的事物。比如，看到诸葛亮，我们就会想到小说《三国演义》里的借东风、三顾茅庐；看到达·芬奇，我们会自然地想到他的名画。这种读书时的精神"溜号"实际上就是联想。会阅读的人常常读到一定的地方就停下来，根据书中的内容展开联想。这种阅读方法不但可以让我们灵活运用学过的东西，还可以把我们学过的知识联系起来打破学科的界限。

《孙子兵法》是我国古代军事学中一部经典的著作。很多人包括一些专家学者只偏重于为此书作解注释，甚至为某条解释而长期争执不休。

《三国演义》是我国的一部优秀的古典小说，它本属于文学范畴，但有些有识之士通过运用联想读书法，把它的内涵推广到其他领域。合理地运用联想阅读法不但可以把书本上的知识展开，使学到的知识在实际生活中得以发挥作用，而且可能在某点上产生创造性的突破。

我们在阅读时免不了要对某章某节或整篇文章进行背诵，如果只是死记硬背，就非常困难，而且又容易忘记。如果运用联想阅读法记忆，情况就不一样了。

曾经有一位名人说过："记忆的基本规律，就是把新的信息和已知的事物进行联想。"联想是世界上公认的"记忆秘诀"，也是一种记忆的诀窍。

联想自然离不开联系和想象。所以在运用联想阅读法时一定要广泛联系，充分想象。

联想不是无缘无故产生的，它需要一定的条件和基础。大千世界里，各种客观事物虽然形态各异，性质、成因、用途都不相同，但它们之间总是存在着直接的、间接的联系，这就是联想的基础。

例如，朱自清的散文《荷塘月色》中有这样一段："塘中的月色并不均匀，但光与影有着和谐的旋律，如梵婀铃（小提琴）上奏着的名曲。"这里月色和小提琴之间并没有什么联系，但作者凭借灵活、敏捷的思维将"月色"同"小提琴"联系起来。当我们阅读到这一段时，就可以充分发挥自己的联想能力了。

古希腊哲学家阿波罗尼斯说过："模仿只能创造所见到的事物，而想象连它所没见过的事物也能创造。"对读书而言，想象是一种特殊的联想，它能使我们用别人的眼睛看到我们没见过的东西，同别人一起体验那些我们没有亲身体验过的东西。想象可以为我们插上一双翅膀，使我们可以振翅起飞。人人都可以在阅读书籍时用自己"灵魂的精细的蛛丝"布满美丽的迂回线路，纺织出一幅"充满象征的供心灵漫游的空中挂毯"。

当我们读到托尔斯泰的《长期旅行》时我们就可以在自己的家里，既可以感受到旅行，又可以感受到暴风雨；既能看到闪电的光辉，又能感到阵阵疾风。体会到主人公的全部印象。当想象涉及小说中所描写的人物时，他们将变得有血有肉，栩栩如生。

通过想象还可以加深我们对思想内容的理解。比如，在阅读《白杨礼赞》这篇文章时，如果我们善于想象，那么就能在心里建立起白杨树笔直、向上、傲然耸立的高大形象。从而深刻地领会到白杨树所象征的中华民族那种力争上游、不屈不挠的斗争精神。

联想能带给读者一个可以自由翱翔的天空，但绝对不是随意的胡思乱想。联想要在充分理解的基础上展开。

唐代著名诗人李白的《秋浦歌》："炉火照天地，红星乱紫烟。赧郎明月夜，歌曲动寒川。"如果我们知道这是一首描写秋浦冶炼工人劳动场面的诗,并弄懂了每一句的大意。那么我们就能想象出诗歌所描绘的情景:通红的炉火照亮了天地,紫色的烟雾里飞舞着红色的火花,被炉火映红了面颊的工人们在月夜里一边劳动一边唱歌,豪迈的歌声在寒冷的水面上震荡着传向远方。如果我们不理解诗的意思,那就很难联想到上面提到的生动情景。

联想还要有一定的知识积累和积极向上的态度。唐朝诗人王之涣曾写下一首脍炙人口的《凉州词》:"黄河远上白云间,一片孤城万仞山。羌笛何须怨杨柳,春风不度玉门关。"这首诗流传千年无人异议,然而,自然科学家竺可桢教授却认为,诗中"黄河"应是"黄沙"之误。因为若指黄河,则地理位置讲不通,而黄沙直冲云霄符合凉州以西玉门关一带春天的气候,况且玉门关是古代通往西域丝绸之路的必经之道,唐代开元年间的边塞诗人又多有亲身生活的体验,一般是不会写错的,很可能是印刷排版时搞错了。这样短短的一首诗,竺可桢教授的联想就涉及了天文、地理、历史、文化等诸多方面的知识,如果没有一定的知识积累是做不到的。

联想与社会的实际活动是分不开的。要使联想走上正确的道路,首先要确保其根基与出发点的正确性,即要充分发挥其社会实践的功能。离开了现实生活,联想将成为无源之水,无本之木。相反,随着社会实践的不断累积和扩展,联想的范围也将越来越广。

唐代大书法家戴嵩有一副《斗牛图》,为宋朝一名集邮者所作。这名收藏者常常夸口道:"戴松的《斗牛图》,神韵十足,颇有大师风范。"一天,一个放牛的人看到了这副图画,连连摇头,说:"这张图画实在是糟透了。两只母牛搏斗时,力量全用在角上,而尾部则被夹于两脚之间。但它的尾巴总是那么大。"这个集邮者不相信,他自己到现场目睹了两头牛的战斗过程,并证实了牧童所言。

从这点可以看出,即使是著名的艺术家,离开了实际生活,也可能走错路。图书是一座宏伟壮观的宝库,而联想是开启宫殿的钥匙,一旦把握住了,就会使艺术品栩栩如生。

"联想"犹如传说中的鸟儿,对初中生来说,如果能掌握,无论何时何地都可以飞翔。

二、曲折前进的迂回阅读法

难题,是我们在阅读时经常遇到的。有时碰到个障碍,十天半个月也攻不下来,许多人为此急得寝食难安,但仍然于事无补。因此,人们把难题叫作读书的"拦路虎"。对付这些难题，强攻当然是一种方法，然而，也有另一妙策可供一试。当我们碰到难啃的书时，不妨采用"迂回读书法"来寻找难题的突破点。

每次我们在阅读过程中碰到"绊脚石"，可以采用旁敲侧击的方式，或是从新的角度寻找问题的答案，也可以"不求甚解"地将其放到一旁，绕过那些棘手的问题，回到书本。

中学生学习，是为知识储备，为将来的发展积累知识。阅读应该是一件很有趣的事情。阅读不应拘泥于某种形式或框架，读者也不可让书本束缚住自己。想一想，我们要是揪着一个很小的问题不放，浪费了很多时间去思考，而不能解决这个问题，那将浪费很多宝贵的学习时间。

对于初中生来说，阅读是不能陷入误区的。要学着"迂回读书"：对难以理解的问题，要从另一个方面进行研究。那些暂时妨碍我们阅读的小事可以放一放。或许，伴随着读者的阅读行为越来越多，所掌握的知识越来越多，以前让我们困惑的问题就会迎刃而解；很有可能已经不是问题了，脑子里的问题也就解决了，一切障碍都会消失。

让初中生认识到，"绕字写字"只是阅读法海里的一片小小的"浪花"，并非万能的"灵丹妙药"。在实际的阅读教学中，中学生切不可对任何问题或难点采取"迂回式"的方法，一碰到问题就绕道而行。这样就什么都没有学到。

有时候，你会远离大路，到树林里去，你一定会看到一些从来没有见过的景象。

三、悦耳动听的音乐阅读法

无数成功的实验证明：如果在阅读的同时放首适当的音乐，就能充分挖掘人脑的许多潜在能力，使我们更加轻松、有效地阅读。这就是音乐阅读法。音乐阅读法通过音乐，让人脑与肌体在美妙的旋律声中得到放松并集中精力，从而达到提高阅读效率的目的。

生理学家们发现，人体的各种节奏，如心跳、脑电波等，总是和音乐的节奏趋向同步。保加利亚的拉扎诺夫博士找到了一种具有特殊节奏的音乐可以使人体放松、精神集中，那就是巴洛克音乐。这种每分钟60～70拍的节奏与人的心脏的最佳跳动及人的脑电波频率都一致，这正是阅读的理想状态。因此，在这种音乐的低声伴奏下读书，效率要高得多。

音乐有着特殊的魅力，当一首美妙的音乐在你的读书空间盘旋回荡时，你的情感就会随着乐曲跌宕的旋律而起伏波动；同时，音乐对于人的大脑活动也有一定的影响，一些轻松、缓慢的曲子能够诱导出一种冥想状态，使人的其他活动放慢，大脑变得敏捷，这对阅读十分有利。

保加利亚的教育家拉扎诺夫是最早使用音乐阅读法的人之一。人们把拉扎诺夫通过音乐来提高阅读效率的实践，称为拉扎诺夫式的"音乐课"。

例如，一个班级的中学生正在学习外语，教师事先把新单词设计成一幕戏，还附有图片总览。学生在内心深处先依照图片把这些新单词的内容串起来，然后再看课文。这时，老师开始播放选择好的音乐。在巴洛克音乐每分钟60拍的舒缓节奏和优雅旋律中，和着音乐的节拍，老师用自然的语调朗读着外语。

当舒缓美妙的旋律在教室里不断地回荡、盘旋时，也在学生们的大脑中反复地萦绕着、"拨动"着他们的心弦，"活跃"着他们的思维，"激发"着他们的想象。学生们闭上双眼沉浸其中，用心灵去"体会"，用音乐方式去记忆。那从旋律中飞出的灵感，那从想象里洋溢的情趣，都会让灵魂颤动。这时，再把课文放在一边，学生们的头脑中便会浮现出各种景象：在神秘幽静的山间，在清新淳朴的乡村，在华丽高雅的剧院……那些生僻、古板的单词，变成了一个个生动活泼的小精灵，不断地在脑海里跳跃、闪现……在愉快的形象思维中，学生们不知不觉地记住了要学的单词。

这还不算完，等他们从学校回来，心情平复之后，这首歌就已经在他们心中种下了一颗种子。他们很有可能会在临睡前把课程回顾一遍。可能整个晚上，他们的无意识仍然在工作——持续地把一天所学习的内容转移到一个长时间的存储库，这样就能牢牢地记住所学习的内容。

当你读书的时候，听着听着，你的大脑就会变得轻松起来。

实验表明，只需5%的阅读和书写就可以达到60%的学习效果。要说其中蕴含着魔法，那就像记忆歌曲中的歌词要比记忆一张纸上的单词要简单，因为音乐是一种媒介，而教师则随着乐曲的起落而进行，使用音乐阅读可以达到两倍的功效。

其实，在初中阶段，我们都存在着一个理想的阅读条件，只是还没有达到理想的程度。当心跳、呼吸和脑电波同时运转的时候，就会出现这种情况。在我们的身心都处在一种轻松的状态下，我们的大脑将会更加专注和高效地接受新知识。现在，你已经知道，音乐是一种最佳的"放松剂"，一种阅读的好助手，一把开启你记忆大门的钥匙。如果你又一次因为一边看书一边听歌被父母"训斥"，你可以很有信心地对他们说："这可以以起到事半功倍的作用。"

第三章

基于课文的各种阅读教学方法

　　一般来说，阅读能力包括认读能力、理解能力、鉴赏能力、记忆能力等。培养学生的阅读能力，则是中学语文教学中的一个重大课题。因此，语文教师必须对阅读教学给予高度的重视。讲授每篇课文时，都应该有足够的时间让学生去阅读，在阅读的过程中去思考、理解、领会课文内容，读懂课文。阅读也有读法，根据不同的内容和目的，老师要引导学生或粗读、或细读、或浏览、或精读、或速读、或略读，运用适当，自能事半功倍，进而透彻地理解课本的重点，获得更多的知识。

　　阅读教学是以书面材料为对象，以信息获取为目的的语文学习过程；阅读教学是教师帮助学生不断排除心理障碍的过程。充分发挥教师的主导作用，充分调动学生的思维积极性，对学生智能的发展有着重要的作用。阅读教学是教师引导学生思考、析疑的教学过程，是学生评判、修正，获得新知、真知的过程。叶圣陶先生曾经说过："语文教材无非是例子，凭这个例子要使学生能够举一反三，练习阅读和作文的熟练技能；因此，教师就要朝着促使学生'反三'这个目标精要地讲，启发学生的能动性，引导他们尽可能自己去探索。"阅读教学是训练学生联想思维和比较思维的教学过程，是拓展视野、培养学生能力、增强综合运用语文能力的过程；阅读教学是课题教学的一个重要环节，提高阅读质量是课堂教学获得成功的关键。

　　总之，一个语文教师要特别注重课堂的阅读教学，培养学生阅读的良好习惯和创造性的思维能力。

第一节　比较法阅读

比较法是人类思维的基本方法，也是创造性思维的重要方法。有实践证明，通过比较法来进行语文阅读教学不仅有助于学生掌握语文基础知识，更加深入地理解课文，搭建属于自己的语文知识结构，还可以有效地帮助学生找到学习方法，即分析问题并研究问题，使中学生养成良好的阅读习惯，继而提高阅读水平。

一、同一课文内比较

课文《一面》中，作者三次描写鲁迅的神态动作及风貌，我们不觉得有累赘之感，而且感到鲁迅的形象一次比一次清晰地呈现在读者面前，紧扣读者心弦。这样的一篇课文为什么会有这么大的文学艺术魅力呢？因为作者在行文过程中，除了把肖像描写、事态发展与文中的"我"心理变化紧密结合之外，还从不同的角度以不断变换距离的方法来细致观察人物，从而表现其特征。通过比较法阅读，学生可以学习从不同的角度刻画人物，文本中三次对鲁迅形象"瘦"的描写，侧面突出了鲁迅殚精竭虑，欲把整个生命献给革命事业这样的崇高品质，学生可以通过比较法阅读深深体味文本内含。

二、同一作者的几篇课文比较

以鲁迅的几篇文章《故乡》《社戏》《从百草园到三味书屋》作比较，学生可以从字里行间体会作者笔下浓浓的水乡风情，进而感受作者热爱家乡、热爱自然的情感，文章中反映出作者从小便已经萌发了反对封建教育的思想，更是亲眼看到广大百姓生活的艰难，然后从笔尖落到纸上，诉说自己对贫苦农民的深切同情和欲改造旧社会创造新社会的强烈愿望。若以《"友邦惊诧"论》《论雷峰塔的倒掉》《藤野先生》几篇作比较，学生通过阅读更是可以看出，作者具有强烈的反帝反封建的爱国思想，也有拿起笔战斗的奋勇精神。这时候再回头去联系前三篇进行阅读比较分析，更是可以理解这种精神贯穿在作者不同时期的作品当中，鲁迅那深刻、含蓄、沉郁的"怒其不争"的忧愤之情同他的战斗精神贯穿其作品始终。

三、同一类型人物形象的比较

《狼》《鲁提辖拳打镇关西》《范进中举》三篇文章中的人物比较：同是屠户的形象，由于性格迥异，表现手法也各不相同。

《狼》中屠户是文中主要人物，是一个有勇有谋的正面形象。作者蒲松龄在塑造这个形象时，主要对人物进行了动作描写。而郑屠是《鲁提辖拳打镇关西》中，既与鲁达同时存在又起到为鲁达形象服务作用的一个重要人物，他是一个反面角色、欺软怕硬，作者为了体现人物性格，别具匠心地对其进行了详细的语言描写。《范进中举》中的胡屠户这个形象，作者塑造其为欺贫爱富、趋炎附势的市侩，为了凸显他的小人特征，作者特别运用了对比手法，以此来突出这一人物性格特点。这种不同篇章同类形象的比较，学生可以通过对比、分析在阅读中学习作者写作的手法与技巧，通过对人物形象、篇章结构的了解，帮助理解、体悟文章要旨，领略课文的中心思想。

四、相同文体课文的比较

教材中，虽是同一体裁的文章，但各篇文章所含知识、表现方式和写法都各有特点，因此，比较它们的异同点，就能掌握它们的个性和共性。如对《向沙漠进军》《死海不死》《故宫博物院》《从甲骨文到缩微图书》几篇课文进行比较，它们的共同点是，都能抓住事物的特征，运用准确的语言，有条理地加以说明。《向沙漠进军》是一篇事理说明文，它按逻辑顺序，采用了作解释、举例子、分类别等说明方法，善用修饰、限制词语解说事理。《死海不死》中介绍死海不死的原因在于海水的咸度很高，饶有风趣。《故宫博物院》按空间顺序，准确地运用方位词，有条理地说明建筑群，突出重点，有详有略。《从甲骨文到缩微图书》说明从古代到现代书籍的演变，用了时间顺序和举例子、作诠释、作比较等说明方法。通过比较，学生在感性认识的基础上进行理性归纳，阅读和写作说明文都要注意四点：注意抓住事物特征；运用恰当的说明方法；合理安排说明顺序；准确地使用语言。但应根据说明的对象、写作的目的和内容的需要，采用不同的方法和顺序。

五、不同文体课文的比较

初中语文第三册第一单元是学习记叙文到学习说明文的过渡。掌握说明文与记叙文的区别很重要，运用比较法则可以有效地达到这个目的。教学时，让学生作比较阅读，找出几篇课文的异同点。通过讨论，学生明确了：这单元的四篇课文都是以桥为题材的，但有的是说明文，有的是记叙文。《中国石拱桥》是说明文，它以说明为主要表达方式，运用了打比方、作引用、列数字等多种说明方法，说明了中国石拱桥的"形式优美、结构坚固"的特征。《北京立交桥》是通讯，它以叙述、描写为主要表达方式，报道了北京立交桥的飞速发展情况，赞美首都交通事业的飞速发展。《母亲架设的桥》则以母亲架桥这件事来表现母亲的勤劳以及爱子之情，儿子以此来表达对母亲深切的怀念，是一篇易共情的写人记事的文章。《巴黎之桥》描述了巴黎的桥多而美，并由此引申，赞美中法两国人民的友谊，写法上时而叙述、时而议论、时而抒情。在此基础上学生进一步通过比较阅读，了解说明文和记叙文的区别。学生还从比较中懂得了同一题材文章，根据写作目的不同，可写成说明文或记叙文，这样学生从文章的感性认识阶段上升到了理性认识的高度。

第二节　自主式阅读

目标教学实验引入我校的教学，已有十几年的历史了。随着这种教学模式的逐步推广，人们的认识在不断深入，应用在不断创新。目前，我们目标教学实验方兴未艾，仍保持着一种上升的势头。其生命力之强，不仅需要我们对目标教学理论的深入理解，把握其精髓，还要求我们的观念要跟上社会发展的需要，变"选择适合教育的学生"为"选择适合学生的教育"，勇于探索，寻求培养新世纪人才的目标教学的新途径、新方法。

近两年来，我们在深入学习目标教学理论的基础上，以培养学生自主读书为基点，对目标教学的课堂模式学科化反复摸索实验，特别是对现代文阅读教读课的模式进行改革尝试，现将点滴体会写出来，与同行们共同分享。

一、在目标教学中实施素质教育

我们必须清楚地认识到，在信息时代，每个人都要不断更新自己的知识，才能适应社会发展的需要，学校教育不应该是学生学习的终点，而应是它的起点。因此，我们的基础教育需要从观念到操作全方位进行改革。养成学习者良好的学习习惯，培养学习者独立思考的能力，促成其持续发展，则是我们基础教育工作的中心点。

尽管从20世纪80年代的"启发式"到90年代的"导读式"教师们在不断探索，不断向前迈进。然而，当前大多数语文课仍是沿着教师的思路，引导学生逐步去接受"教师对教材的理解"。教师想什么，学生就得想什么，这是普遍存在的问题。有些老师采用目标教学模式时也存在着类似的问题，问答式教法，师问生答，步步引导，环环入扣。这种教法虽然比"满堂灌"略好，但与培养其自主读书精神是不相符的。就目标而言，只是急功近利，应了短期目标，而忽略了适应社会需要、提高语文素质的大目标。

二、语文学科与目标教学

我国著名的教育家叶圣陶先生认为"必须废除现在通行的逐句讲解的办法"，并指出"这办法最大的毛病在于学生太少运用心理的机会"。叶老先生的卓见逐渐被老师们接受，越来越多的教师已发现自己在课上的讲述在很大程度上是在做一些无用功。为了减少教育的盲目性，我们曾做过一次调查，其调查的内容和程序是：

（1）统计学生在自读过程中质疑的数量。

（2）质疑内容与教师主观确定的教学目标对照，看有多大出入。

（3）这些问题，学生自行能解决的有多少，经过小组讨论已解决的有多少，还需在课上师生共同解决的有多少，分别算出这三项占全数的百分比，如表3-1。

表 3-1　学生调查内容和程序表

课文	被调查人数	学生自读中质疑数	老师主观确定的目标数	学生质疑中涉及的目标数	学生自学能解决的问题数	小组讨论可解决的问题数	需老师指点解决的问题数
《我的母亲》	84	88	16	16	70%~79.5%	14%~15.9%	4%~4.6%
《海燕》	82	76	14	14	51%~67.1%	18%~23.7%	7%~9.2%
《背影》	84	89	16	16	65%~73%	19%~21.4%	5%~5.6%
《中国石桥》	83	66	17	17	49%~74.2%	12%~18.2%	5%~7.6%
《苏州园林》	84	112	16	16	64.3%~72%	30.4%~34%	5.3%~6%

以上数据显示，通过自读并且积极讨论交流，学生是可以解决语文教学、学习过程中所涉及的大部分问题的，特别需要老师在课堂上着重讲解的问题是不多的。我们既要认识到语文课不是"到此结束"，又要认识到语文课不是"从零开始"，教师喋喋不休的串讲实则是低估了学生的接受能力。再者，我们基础教育是在为学习者奠定终身学习的基础，核心问题是让学生学会和会学，这是我们教育的大目标，也是我们在制定课时目标时的指导思想。根据这个出发点，我们确定教学模式和选择教学方法，就要从教师中心论的束缚下解放出来，要给学习者独立处理问题的机会。

三、目标教学现代文阅读熟读课模式

经过多年的教学实践，我们逐渐摸索出了现代文阅读熟读课模式，即以培养学生独立思考的能力为基本思想，以学生自读解疑为主要形式，其课堂教学流程如下（两课时）：学生自读课文，并按自读要求，当堂书面完成自读作业；教师通过书面自读作业，了解学生自读情况，调整教学目标；展示教学目标，围绕目标，将自读的收获及疑点在小组中进行交流，相互解疑；由小组讨论扩展到全班讨论，继续交流解疑；教师作结；迁移训练，达标测评，整理笔记。

此课型的特点是：在整个教学过程中，以学生自读教材为先，质疑解疑为重。

自读这个环节是把学习的主动权交给学生。学生在自读过程中，不仅要完成常规要求（例如借助工具书、课本中的提示注释掌握字词；熟读课文；了解基本内容等），还要根据课文的文体特点，找出"兴趣点"，发现"疑难点"，在此基础上一并找到解疑答案。

要求学生必须按自读的要求进行，必须要有自读的记录。

我们视这一环节为"前提测评"。布鲁纳在对影响教学的三个变量的研究中认为："认知前提、情感前提、教学的质量分别占权重为50%、25%、25%。"学生在语文课上使用、学习的是母语，每个学生都不是从零开始，而是完全具备认知前提，具有"认知前提"是语文学科的一大特点。在现实教学中，教育教学的主客体往往忽略或是低估了这一认知前提，通常教师重复讲解，对学生会产生负效应，因为这样不仅不能激发学生的求知兴趣，也不利于学生独立思考习惯的养成，反而会让学生厌恶学习。要帮助学生形成"不需要教"（不需要教≠不需要学）的能力，教师应该尝试，促成学生与教材形成直接联系，而非被动的间接的，给学生留足时间来"自读"，吸收、消化，然后让学生形成独立思考的习惯并能主动汲取文本中的养分。

我们将"自读"作为学生认知（知识与能力）的全面启动，变局部测评为全方位测评，变带有教师主观性的测评为学生知识能力全面真实反映的测评。通过书面的自读作业，老师得到学生"认知前提"的反馈信息，下个环节的认定目标就有了目的性。

前提测评为认定目标提供了极有价值的参考依据，教师可根据大纲、教材的要求，确定要解答、要强调的要点，还要根据学生提出的有价值的问题，对备课时制定的教学目标进行调整、修改或补充。向学生展示的教学目标，既要符合语文教学大纲，符合教材的要求，又要符合学生的实际情况。

学生在语文课上首先学习的是字词，字词即语言，说起语言便要把握语感，语感是一种习惯性感知，可以帮助学生理解语言要表达的意思，学生应尽早建立起自己的语感，学生一旦有了属于自己的语感，则老师如何讲解分析课文，都不能代替学生的阅读体验。

因此，导学达标这一环节我们改变以往师问生答的传统教法，要求学生反复读书，在熟读课文的基础上，鼓励学生围绕目标提问，由"敢问"到"会问"，逐步地培养学生能够提出有思考价值的问题。这需要老师在课堂教学结构上进行改革，给学生创造"发问"的时间和机会。为使学生中的绝大多数参与教学，人人都有发言表述的机会，以小组为单位讨论是一种较好的形式。以4~5人为宜，小组讨论的过程中尽量要让每个学生都有发言的机会，让每个人都表述自己对课文的理解，鼓励学生阐述自己独到的观点和看法并提出疑问，形成交流—分享—影响—探讨—推进认知层次的过程。在这样的过程中，老师只是起辅助作用，防止学生们讨论过于激烈而偏离教学目标或影响课堂秩序，重点放在全班以小组讨论、发现问题、产生质疑、相互探讨、明确答案上。教师在课堂教学中是把握目标的主舵手，而不是讲解员，在学生充分自读的基础上，教师可以强调重点，间或启发性提问、深层次分析以拓宽学生的"自读"思路。

达标测试应提倡形式多样化。在整个教学过程中，不要求学生做笔记，而把整理笔记作为检测达标的手段。学生根据目标，结合具体的教材内容，将知识进行梳理、归类，对重点问题进行解答，既训练学生总结归纳的能力，又与前面各个环节相联系构成完整的"自主式读书"的模式。

现代文阅读包括多种心理活动，如感知、思维、记忆、想象，甚至包括兴趣、意志、情感等，是一种相对复杂的心智活动，那么，现代文目标教学的达标测试也应是阅读能力的测试。设置新情境，提供与本课的知识目标、能力目标相对应的难易程度相当的阅读材料，用以训练和测试阅读的迁移能力，当堂可弥补知识缺陷，教师则可以获取学生阅读的信息。我们将上述目标教学现代文阅读课模式以图3-1表示。

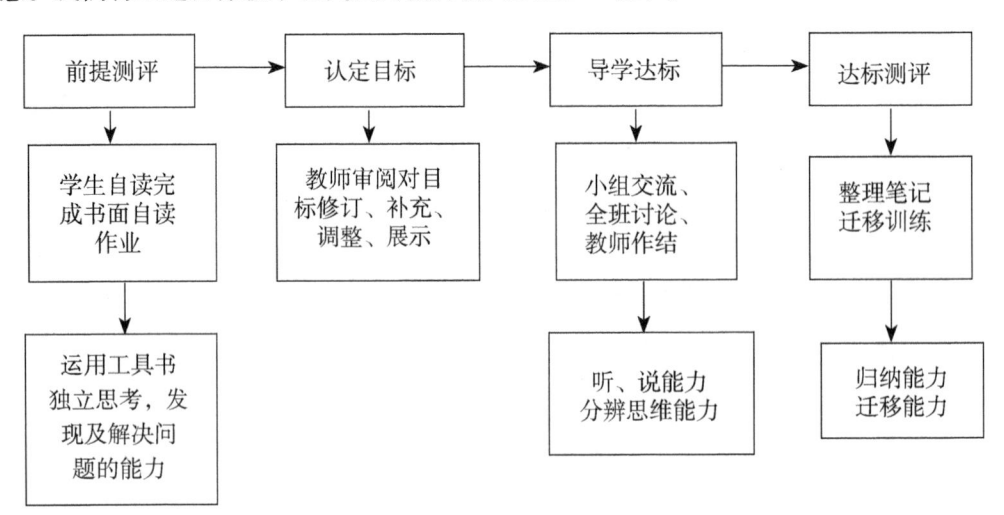

图 3-1　目标教学现代文阅读教读课模式图

语文教育家张志公先生说:"牙齿和胃肠健康正常的人,一般不爱吃'没有嚼头'的东西。不能过分低估孩子们的能力。他们善于咀嚼,消化能力也很强。教学工作的功夫在于能够引起学生的胃口,让他们自己有兴趣去嚼,去消化、吸收,当老师的在旁照料着,必要的地方给点帮助,不要把枣核、鱼刺、鸡骨头之类吞进去,卡破喉咙就是了。"我们在目标教学现代文阅读教改实验中,深感张志公先生的语文教育思想的先进性。语文教材中的语言精当、优美之处,思想内容值得体味之处,正像张志公先生所说,学生自己动动脑筋是能理解和基本理解的。值得欣慰的是,学生通过1~2年的自读训练,阅读能力确有很大长进。我们将本着这种精神,在目标教学的学科化方面继续探索,使目标教学运用得更活、更实。

第三节　点拨法阅读

语文教学的重点是阅读教学。《九年义务教育三年制初级中学教科书》的指导思想是:全面提高学生的语文素养,养成良好的学习语文习惯,培养创新意识,提高文化品位和审美情趣,发展学生个性,要求学生认识学习语文和生活的关系,培养学生吸收语文、表达情感的能力。怎样培养良好的阅读方法,掌握科学的阅读技能,顺利完成教学任务,实现教学目的,我从蔡澄清先生的"点拨法"中,悟出一点点道理,做了点尝试,也收到了满意的效果。

点拨法是一种艺术,它体现了"学生的学习过程,就是学生主动地获得知识过程"的布鲁纳教育理论,且发扬延伸了"学生亲自参与语文教学,使自己成为知识发现者,而非容器"的教育观念。

阅读占新教材的1/3内容,在分量重、内容多、课时少的情况下,蔡先生的理论就发挥了巨大的优势作用,具体做法有以下几个方面。

一、点在其"提示",总体感知

新教材的编写方式,是阅读单占教材一部分,大致有六个单元。提示有两种:一是单元提示,二是预习提示。单元提示概括了本单元反映的时代生活和学习本单元的方法、阅读重难、点两项内容。预习提示一般包括两个要点:一是本课主旨或中心,二是重难字词音。

我在教读时，选点提示，整体感知，然后本单元进行横向点拨，找出异同点。例如：初中语文第二册第二单元的教学中，我采用了图表点拨法，创设学习氛围，比照联想，激发兴趣，如表3-2。

表3-2　图表点拨法项目示意课题比照

课题比照	主要内容	阅读方法	文体	
纪念白求恩	号召全党学习他的共产主义精神	印刷《白求恩的故事》	议论与记叙比较	
小橘灯	表现小姑娘镇定勇敢乐观的精神	速读	散文	
梅岭三章	坚定的共产主义信念	朗读	诗歌	旧瓶新装
七根火柴	红军战士对革命事业的忠诚	联系以前小说知识	小说	
勇气	为捍卫和平不惜献出无价青春和生命的勇气	自读复述	回忆录	

这样借助图表，创设了学习情境，提高了阅读效果，充分发挥了学生的主体地位作用，并且实现了教学围绕学生，以学生为中心，使阅读教学由教师的"单边"活动变为师生共同参与的"双边"活动，注重理论与实践的结合。

二、点在其"一"，由一而全

几乎所有的文章都能找到其"一"，即关键字句，或提挈全篇，或承上启下，或画龙点睛。我带领学生在课文中找出"一"，"立片言以居要"，进而理解全篇。如鲁迅的回忆散文《从百草园到三味书屋》，"乐园"是课文前半部分的"一"，鲁迅先生视百草园为童年的乐园，理由何在？就此一点，学生便迅速进入课文圈点勾画，十分投入，答案随即找到，呈现在学生的脑海里的是：优美的景色；动人的传说；捕鸟的乐趣。然后联系学生童年的一些生活经历，这样一"点"，情从心中生，趣由文中起，较好地把握了课文内容。冰心的《小橘灯》中，小姑娘"镇定、勇敢、乐观"的精神；《社戏》中的"乐土"；《纪念白求恩》中的"白求恩的共产主义精神"均等同此类。有人把这种点拨称为"顺藤摸瓜"，找出了课文中的"一"。

三、点在他处，旁敲侧击

这种做法是根据课文内容和教学目标要求，将原文适当变形，形成与课文相对或相反的"他处"，让学生与课文进行比较，从而掌握课文内容。如教学《纪念白求恩》，可以打印《白求恩的故事》材料，与课文作比较，比照课文，文体不同，语言风格不同。议论文有明确的论点、论据、论证过程，该文号召全党学习白求恩同志的共产主义精神。整体的变形起着活跃课堂气氛的作用，局部的加工也是大有裨益的。

四、点在已知，触类旁通

不少课文在写作背景、思想及表现技法上有相似之处。我在教学中，抓住了"已知"，结合教学目标，举一反三，让学生触类旁通。如《送杜少府之任蜀州》《黄鹤楼送孟浩然之广陵》《送元二使安西》同为送别诗，学习了其中的一首后，只需多角度进行比较，求同存异，就可全面地把握诗的内涵。初中语文第二册第一单元《敬畏生命》《热爱生命》《紫藤萝瀑布》都谈到生命的本质是什么，我点拨名著《钢铁是怎样炼成的》中保尔的名言，使学生在"温故"中"知新"，在比较中鉴别，在鉴别中提高。

总之，我在语文阅读教学中，点拨其点，点拨其线，点拨其法，收获很大，培养了学生的阅读能力，注重了学生的个性发展，引导了学生创造性的学习能力。

第四节　创设情境阅读

《白杨礼赞》是现代作家茅盾于1941年所写的一篇散文。文章立意高远，形象鲜明，结构严谨，语言简练。

为此，我运用了朗读与品析相结合的教学方法。在反复朗读、整体感知课文的基础上，积累优美的词语，引导学生理清文章的脉络，明确白杨树"景—形—神"之"不平凡"，从而把握其象征意义，从中赏析品味出"礼赞"过程中的"三美"（语言美、结构美、象征美）。通过自主学习和小组合作探究学习，让学生感受作者"礼赞"的基础和意义，从而培养克服困难的坚强毅力和积极向上的人生观。

一、第一课时，创设情境

（一）导入课题，了解背景

通过以下几项使学生明确《白杨礼赞》的写作背景，初步认识作者对白杨树的深切崇敬和赞美之情，目的是在歌颂中国共产党领导下的抗日军民的精神和意志。

1. 展示图片（或挂图）

白杨树的形状——干、枝、叶、根。

黄土高原——中国西北的地形、地貌（也可以让学生课前从生物和地理课本中查找白杨树及黄土高原的相关资料进行交流，展示预习成果）。

2. 播放电视《延安颂》等相关片段

《延安颂》反映的是红军经过二万五千里长征到达陕北延安后至党的"七大"召开10年的历史，刻画了以毛泽东为代表的中国共产党人领导抗日军民进行艰苦卓绝的对敌斗争的形象。

（二）初读课文，整体感知

1. 朗读课文

自由读—小组读—全班读。要求学生读准字音，读出语调、语气和感情。

教师朗读指导：读出重音，体现出着重强调的意义；读出节奏，体现出文句的急切舒缓；读出语气，体现出作者的情感基调。

2. 听磁带录音范读

要求学生及时纠正读音，圈点阅读。

3. 给画线的字注音

毡子 开垦 外壳 无垠 刹那 耸立 婆娑 倔强 初融

4. 齐读课文

明确课文的抒情语段，体会抒情段中作者由浅入深的感情变化。

（三）精读课文，引发探索

1. 合作探索，讨论课文描写白杨树的三大"不平凡"

（1）研读第2～4自然段，并带着如下问题讨论交流：

a. 黄土高原给你的总体印象是什么？

要点：像"一条大毡子"。（比喻）

b. 作者从哪些方面描写了黄土高原的优美景色？

要点：色彩（黄绿错综） 黄土——"伟大的自然力"

麦浪——"人类劳力战胜自然的成果"

空间（无边无垠） 地形（坦荡如砥）

c.黄土高原在作者的视觉中是优美的，而作者的感觉是怎样的呢？

要点：先是"雄伟""伟大"；再是"倦怠""单调""恹恹欲睡"；最后为"傲然地耸立"的白杨树而"惊奇"。

d.作者描写黄土高原的景色有什么作用？

点拨：白杨树生长在"无边无垠，坦荡如砥"的黄土地上，挺立在"雄壮""伟大"的背景中。不平凡的环境培养了不平凡的白杨树。因此，对黄土高原的景色描写就渲染了气氛，突出了白杨树生长环境的不平凡，显示了白杨树形象的不平凡。

（2）齐读课文第5段，学生理清内容。

a.本文是从哪几个方面写白杨树的？

b.白杨树的总体特征、各部分特征及意义是什么？

要点：白杨树不平凡的外部形象——总体特征（力争上游）

$$\text{具体部分特征} \begin{cases} \text{干：笔直，绝无旁枝} \\ \text{枝：笔直向上，紧紧靠拢} \\ \text{叶：宽大，片片向上} \\ \text{皮：光滑，银色晕圈，淡青色} \end{cases}$$

（3）教师朗读课文第7段后，学生分小组合作讨论发言（理解白杨树内在气质的"不平凡"）。

小组合作谈论内容：

a.课文如何由赞美树过渡到赞美人？

要点：作者以"好女子"和"伟丈夫"对比，突出了白杨树的独特风格与个性特征，自然而然地由赞美树过渡到赞美人。

b.四个排比反问句是如何由树及人、由浅入深地突出白杨树的象征意义的？要点：第一句由树及人，引发共鸣，铺垫下文。

第二句肯定品质，显示树与人的内在关系。

第三句进一步明确白杨树象征着坚强不屈的抗战军民。

第四句肯定了白杨树的精神面貌，指出它象征了抗战军民的精神和意志。

四个排比句反问句的组合，由浅入深地点明了白杨树的象征意义，歌颂了中国共产党领导的广大抗战军民的精神与意志。

2.归纳小结，加深认识

这篇散文以白杨树的"不平凡"为抒情线索，开篇直抒胸臆，首句标其目的。中间描写"不平凡"的"景",刻画"不平凡"的"形",抒写"不平凡"的"神"。作者笔下的"景"是白杨树赖以生存的环境,"形"是作者工笔细描的白杨树外貌,"神"是作者"礼赞"白杨树的根本。三者完美组合,加上写"景""形""神"后独立成段的关于白杨树"不平凡"的议论抒情句,抒发了作者强烈的思想感情,就使白杨树的形象自然而然地挺立在我们的面前。

二、第二课时,创设场景

(一)朗读课文,培养语感

1.齐读课文。

2.课文第5段背诵竞赛(个人、小组)。

3.讨论并弄清楚课外作业及课文不明白的地方。

(二)赏读课文,揣摩语言

1.品析文章的语言美

(1)小组讨论:从词语、句式和表达方式方面举例说明课文的语言美。

(2)小组代表举例发言,互为补正。

(3)教师点拨:一是用词准确、凝练,遣词用字形象贴切。如用"无边无垠"写高原之"大",用"坦荡如砥"写高原之"平",用"黄绿错综"写高原之"色"。又如"扑入"的"扑"与"奔驰"照应,写出了迎面而来的情景,形象而准确。二是句式变化多姿,句子整散结合,长短相间,交互运用,排比反问句连用,既凝练流畅,又错落有致。如第2段的长短句,第7段的排比反问句,第8段的整散结合。三是表达方式融叙述、描写、抒情议论于一体,"不平凡"三个字贯穿全文,情感丰富,意境深远。

2.鉴赏文章的结构美

(1)先自主思考,理清思路后小组交流:这篇文章可分为几部分,每部分的大意是什么?各运用什么样的写法或手法?

(2)小组代表发言。要点归纳:

第一部分(第1自然段):作者直抒其对白杨树的崇敬之情,极尽赞美、点明题旨。(抒情)

第二部分(第2、3、4自然段):描写景色,黄土高原的景色,从直观感觉用肯定语

气赞扬白杨树生长环境的"不平凡"。（描写、抒情）

第三部分（第5~6自然段）：运用先总后分的写法，具体描绘白杨树外部形态美，以否定句式强调了白杨树的"不平凡"。（叙述、描写、抒情）

第四部分（第7~8自然段）：运用欲扬先抑的手法，赞美白杨树内在气质的"不平凡"，再用排比反问句，揭示白杨树的象征意义。（象征手法）

第五部分（第9自然段）：运用对比手法，斥责那些鄙视"白杨树"的顽固派，再次赞美白杨树，呼应开头。（对比手法、抒情）

（3）教师点拨归纳：课文主题明确，线索清晰，层次井然，过渡巧妙，首尾呼应。具体地说，"不平凡"除了是作者用来贯穿文章的线索也是其由衷地抒发赞美之情的基础；继之，描写刻画白杨树赖以生存的"景美"和自身外部形态的"形美"以及内在气质的"神美"，揭示其象征意义；最后"卒章显其志"，照应开头。

3. 赏析文章的象征美

（1）请同学们读出文中白杨树：

a.人格化形象的句子（它伟岸、正直、不屈、挺拔，同时又不失坚强与温和，是树中的伟丈夫）。

b.象征意义的句子（它不仅仅象征着北方农民，还象征着某种精神，就是我们民族解放斗争中不可或缺的坚强、奋勇上进的精神）。

（2）思考交流：作者是如何使白杨与人（包括精神和意志）联系起来以突出象征意义的？

点拨：写白杨就是写人，作者通过对白杨的人格化描绘与赞美，赋予白杨一种坚强不屈的精神，借助联想，连用排比反问句，层层深入，强调和深化了白杨的象征意义。

（3）象征方法：把某种特定的意义，寄托在所描写、刻画的事物形象上，来表现一定阶级的本质（或某种意义）的方法。

这种教学努力开拓了一个新的教学境界，即以阅读实践为主线，"初读课文，整体感知——精读课文，引发探究——朗读课文，培养语感——赏读课文，揣摩语言"，引导学生围绕主线，品析课文"三美"，把握文章的象征意义。在课堂营造的"美"的氛围中，使学生得到美的人文熏陶。同时，注意将课本、影视、读本、诗词等语文课程资源整合，把课内与课外学习有机地衔接起来，多层面地引导学生学习语文。

第四章

基于课堂的不同文体阅读教学设计

第一节 说明文阅读教学设计与实施

一、初中语文说明文阅读教学策略

说明文是一种客观地说明事物的文体，以说明为主要的表达方式，具体阐述事物的原理或者特征的文体，目的在于给人以知识，或说明事物的状态、性质、功能，或阐明事理。在初中语文中占有相当大的比重。但是，在初中语文的教学中，说明文的语言平实，缺乏生动性和形象性。在新的课程改革中，说明文教学也在"淡化文体"的呐喊声中备受冷落。那么，初中语文教师应该怎样改变这种现状呢？

（一）提高认识，明确说明文的重要性

说明文同人们的生产、生活、工作有着密切的关系，是文学作品所无法取代的。从初中说明文的内容看，如《苏州园林》《故宫博物院》《看云识天气》《中国石拱桥》《大自然的语言》等，这些文章既有丰富的知识，又通俗易懂，富有情趣，能激发人们的兴趣。不仅给人以经验和智慧，而且给人以启迪。在飞速发展的时代，说明文的用途越来越重要。买来了空调，你就得会阅读空调的使用说明书；生产了一种新的产品，就得把新产品的使用方法介绍清楚。著名教育家叶圣陶先生也认为，文学作品，你可写可不写，而说

明文，如会议记录、条约，你就非写不可。由此可见，说明文的重要性非同一般。因此，说明文教学不能舍弃知识本身，片面地就文教文，而应该让学生在吸收课文原有知识养料的同时触类旁通，适当地或介绍或引导学生去搜集相关的知识，激发学生进一步思考和研究的兴趣。

（二）提升素养，理解说明文的作用

科学素养是指，人在了解自然、将科学知识应用于生活的过程中，继而表现出来的内在品质。科学素养已成为当今社会高层次人才的重要发展素质之一。若在初中语文教学中，以提高中学生科学素养为目标，通过阅读教学对学生进行嵌入式教育，这对培养中学生的科学素养是十分有效的。学生通过阅读课外说明文，搜集并吸收相关知识，可以有效地开阔视野、增加知识储备，懂得人与社会、人与世界的关系，学会宏观地看待、理解问题，使个人综合能力得到提升，进而形成正确的世界观、人生观、价值观。总之，学生科学素养的提高有待教师的引导和培养，要想全面提升学生的语文素养就要从科学的角度去思考和学习。

（三）激发兴趣，教学说明文的根本

所谓"知之者不如好之者，好之者不如乐之者"。学习的内驱力是兴趣，只有兴趣，才是创造力的催化剂。初中语文教材中，大多数说明文都形象生动、语言通俗易懂，读完让人觉得饶有趣味。

教师对初中语文中的说明文教学，应着力引发学生的兴趣点，为学生创设愉快轻松的学习氛围，从说明文中发现知识点、深入拓展知识的话题，让学生以更深入的积极性带着兴趣和问题去探究理解说明文。在讲授《中国石拱桥》时，向学生播放有关石拱桥的视频录像，来吸引学生的注意力。这是利用形象化的教学手段（包括实物道具、视频或音频等），通过具象的东西来呈现事物的本来形态，让学生直观地了解课文里描写的事物，抓住学生眼球，然后引发其探究心、求知欲，继而了解与此事物相关的其他知识。

多媒体教学手段现已普遍运用于课堂教学，这对语文说明文的授课、教学而言是一大优势。无论是事物说明文，还是事理说明文，其表述对象，对学生来说，都是一种间接体验；可是通过多媒体教学，借助图片、文字、声音和影像等教学手段，把说明对象直接呈现出来变为具体的感官印象，学生可以更加具体地了解课文中的表述。利用这种形象化的教学手段，完全达到掌握知识直观性与生动性的统一。在学习《看云识天气》时，老师可以事先把八种云的彩图投影出来，让学生通过课文中对云彩的描述，来与这八种云彩图对号入座。这样，学生们的求知欲一下子被激发出来，就会积极主动地参与到语文的学习中。

总之，提高说明文教学的效率，是当前语文教学的一项重要任务。教师应该从多个方面认真整合说明文，挖掘说明文文本内涵，激发学生进一步思考和研究的兴趣。最根本的是，让说明文教学充满语文味，回归到语文整体教学的轨道上。我们可以借鉴其他文体教学的方式，在说明文的课堂教学中真正体现语文特色。

二、《故宫博物院》教学设计与实施

（一）课文介绍

《故宫博物院》是八年级上册第三单元的第四课。这一单元总共选入了五篇说明文，分别是茅以升的《中国石拱桥》、吴冠中的《桥之美》、叶圣陶的《苏州园林》、黄传惕的《故宫博物院》及陈从周的《说"屏"》。《故宫博物院》原来是一篇广播稿，曾经配上音乐，在中央人民广播电台《祖国各地》节目中播出，播出以后不少听众要求重播，并且建议将稿件进行发表，正好这时候《地理知识》杂志准备开辟《旅游地理》专栏，要了这篇稿件，在1979年11月号上刊载了，题目就叫《古代艺术的宝库——故宫博物院》。课文《故宫博物院》就是根据这篇文章删改的。

（二）学情分析

学生在本册书中刚刚接触到说明文，虽然有前两篇文章（《中国石拱桥》《苏州园林》）做铺垫，但是学生阅读说明文的能力还很薄弱，所以加强对学生学法的指导、激发学生学习说明文的兴趣很关键。在教学时可用多媒体向学生展示故宫的图片资料。

第二节 议论文阅读教学设计与实施

一、《致女儿的信》教学设计与实施

（一）课文介绍

《致女儿的信》是著名教育家苏霍姆林斯基写给女儿的一封信，它是九年级语文课本中的一篇自读课文。苏霍姆林斯基说，"做一个幸福的人，只能是在你成为有智慧的人的时候"，其意义在于，只有积累了"生活的智慧"，才能完整地、真实地为爱下一个定义。当然，这种定义是非常个性化的。当作者14岁的女儿询问"什么是爱情"的时候，作者给她讲述了一个极其动人的故事，并阐述了爱情的真谛。这篇课文对于正在成长中的青少年来说有很重要的教育意义。

（二）学情分析

如果这篇文章作者只是单纯给女儿讲述故事，那么文章的表述就显得流于表面，因为作者希望女儿通过故事，去探寻故事背后耐人寻味的寓意，作者希望女儿在爱情面前仍然拥有智慧，这样才能获得真正的爱情。

二、《敬业与乐业》教学设计与实施

（一）课文介绍

《敬业与乐业》这篇课文选自近代思想家梁启超的《饮冰室合集》，它是一篇演讲词，旨在宣讲人生与事业的关系，事业除了"有业""敬业"还可以"乐业"，最后用"责任心"和"趣味"总结精神旨意。

（二）教学任务分析

本文是一篇演讲词，也是一篇观点鲜明、说理充分、论述清晰的议论文，因此教学的首要任务是厘清论证思路，掌握说理方法，感受其思想性，让学生理解"敬业与乐业"的主旨。同时，有别于一般的议论文，本文具有演讲稿慷慨陈词、用语丰富的特点。因此，教学的第二任务是欣赏梁启超既旁征博引又通俗易懂的演讲语言。学生可以在反复诵读中体会演讲节奏及口语特点并于平时学习中用心积累名言警句、好词好句。

（三）学情分析

《敬业与乐业》是九年级上册第二单元的一篇演讲稿，说理清晰严谨。九年级上册要重点学习的表达方式是议论，学生虽然对这种表达方式并不陌生，但对知识点的了解还不够系统，因此在该课的教学前，先要丰富学生的知识储备，系统地梳理议论文的相关知识以及学习阅读议论文的一般方法，然后在课堂上融会贯通。同时，九年级学生对生活的体验与理解还非常有限。因此，既要注重拓宽学生的视野，又应尽量和他们的实际情况相结合，探究质疑。

第三节　小说阅读教学设计与实施

一、《台阶》教学设计与实施

（一）课文介绍

《台阶》这篇课文是以细节描写来表现人物的。这篇小说以农民的儿子作为故事的叙述者，叙述父亲为盖新屋而拼命苦干的一生，作品兼有崇敬和怜悯的双重感情色彩。小说意蕴深厚、主题宏大，表达深远意义的同时带给读者美的享受。文中还有一些很有特色的环境描写，与人物的心境结合得十分和谐。可谓意蕴深厚，美不胜收。

（二）教学任务分析

初中阶段小说的阅读教学可分为三个层次。

1. 理解层次

理解层次包括小说要素的辨识，课文内容的整体感知，情节的归纳概括，人物形象的整体理解，描写方式的辨识，重点段落的品读，文段作用的理解与分析等。以《台阶》为例，这是学生在初中阶段接触得比较早的一篇小说，所以首先有必要向学生补充小说的相关知识，让学生在阅读中有一种文体意识。《台阶》的作者李森祥按照时间顺序，用质朴的语言描述了父亲的生活方式和生活场景，为我们展现了一位淳朴敦厚、可亲可爱的父亲形象。学习这一层次的内容，教师只要在学生自读自悟的基础上，引导学生概括父亲的生活方式，归纳故事的主要情节，即父亲的劳动生活场景，就可以让学生初步感知到父亲这一人物形象。

2. 赏析层次

赏析层次包括主旨的理解，线索的分析，人物形象的鉴赏，语言艺术的赏析，构思艺术的品位，人物塑造手法的品析，环境描写的技法及表达作用的理解，作品的思想感情倾向的评价，读者获得的对自然、社会、人生有益启示的表达等。小说《台阶》中有很多充满了浓厚生活气息的细节，如写父亲在深秋雾气里踏黄泥的情景："父亲头发上像是飘了一层细雨，每一根细发都艰难地挑着一颗乃至数颗小水珠，随着父亲踏黄泥的节奏一起一伏。晃破了便滚到额头上，额头上一会儿就滚满了黄豆大的露珠。"这一段文字描写，充分表现出父亲干活儿已然挥汗如雨，可那一颗一颗的汗珠又于无声处显示出父亲心头的喜悦，这来自父亲内心充满的巨大的成就感，那每一颗汗珠仿佛都是父亲心头喜悦的见证。新屋落成以后台阶砌得高了，为了庆祝父亲想放几个鞭炮可又不敢放，包括细节描写鞭炮响起之后父亲的窘态，这些笔墨刻画了一个勤劳本分甚而有点老实胆小的父亲形象。

小说中还有富有特色的环境描写，比如文章开头写"台阶上积了水时，从堂上望出去，有许多小亮点"，这样的语言洋溢着难以言说的满足感；"天若放晴，穿堂风一吹，青石板比泥地干得快，父亲又用竹丝扫把扫了，石板上青幽幽的，宽敞阴凉，由不得人不去坐一坐，躺一躺"。带给读者一派祥和的气氛，让人读之感受暖暖的情意。父亲呢，坐在台阶上，看别人家的高台阶，那一处环境描写，则是交代了父亲的心理活动。小说围绕"台阶"命题立意、组织材料的方法，也是作品可鉴赏之处。学习这一层次的内容，老师可要求学生在默读、朗读、选读、再读中由浅入深、由表及里地分析人物形象，感悟作者情感，领会作品内涵，研究文章写法等。利用问题探究法，给学生无限学的空间，再通过全班交流，在共读中提高。

3. 扩展层次

扩展层次包括搜集与作者、课文有关的背景资料，参读课文分析或课文鉴赏的有关文章，连读或比读与课文有某种联系的课内外小说等。在教学中，可以根据课文实际的需要进行扩展。《台阶》这篇小说在教材中属于选读课文，一般安排的课时不多，所以此块内容一般都安排在课外进行。老师提供相关信息，学生自主完成。老师推荐相同题材的作品，如苏童的《父爱》，梁实秋的《代沟》，周国平的《妞妞——一个父亲的札记》等。

（三）学情分析

本文是一篇自读篇目，由于小说是以"父亲"的儿子为故事的叙述者，讲述"父亲"为盖新屋而拼命苦干的一生，表现农民艰难困苦的生存状态和他们为改变现状而不懈努力的精神，作品兼有崇敬和怜悯的双重感情色彩。正是因为作者这种复杂的心态，决定了"父亲"的形象，具有比较开放的意义。所以，分析"父亲"的形象，便成为学习本文的难点，要解决这一问题，就必然要以梳理故事情节、分析作者的思想感情为前提，学生对故事内容的把握没有问题，并且能够通过反复阅读感悟文章的思想内涵，所以这个前提应作为突破全文的重点。因学生基础不同，他们习惯在小组内交流后再发表看法，因此应该适当地给学生多创造一些合作的机会。

二、《范进中举》教学设计与实施

（一）课文介绍

　　《范进中举》是九年级上册节选自《儒林外史》的一篇课文，主人公范进一见中举的报帖就欢喜得发了疯，丑态百出，直至挨了一个巴掌才清醒过来。这是艺术的夸张手法，却又完全符合生活的现实，鲜明地揭示了科举制度对当时士人的毒害之深。故事中另一个人物胡屠户更可笑，是个十足的市侩，金钱的欲望浸透了他的骨髓。小说采用对比的手法生动地刻画了张乡绅和其他乡邻等各色人物，"穷居闹市无人问，富在深山有远亲"，文章揭露了当时社会的世态炎凉。人道"万般皆下品，唯有读书高"，就是在这样的社会环境中范进将自己的大半生用在应试科场上，其在垂老之年得了梦寐以求的功名，然而狂喜之下，他却疯了，疯得既可悲又可怜。可是窥一斑而知全豹，作者所要表达的，并不是范进一个人的悲剧，范进代表的也许是一个时代的悲剧，也许是一种政治体制的悲剧，读者阅读、理解后，除了唏嘘，还有深深的回味以及思考。

（二）教学任务分析

　　本文是一篇古代小说，在解决字词的基础上，在语文教学中我们依旧要按照小说这种文体的特点进行教学。

　　首先，在理解层面上，本文较现代小说或短篇小说稍难一些。因为本文是古代长篇小说节选，所以教师有必要交代故事情节的来龙去脉，使学生了解人物活动的大背景，教师补充第三回未选入课文的部分，加深学生对小说主旨和其讽刺艺术的理解。然后，在此基础上去厘清文章情节。文章较长，所以要给学生充分的阅读时间。

　　其次，在赏析层面上，本文作者首先善于用人物的语言、行动、神态，从正面点染人物性格。就拿范进喜极而疯的这一段来说，拍手的动作、笑的表情贯穿全段，但又有所区别。先写"自己把两手拍了一下，笑了一声"，这是发自内心的喜悦。接着写"拍着手大笑"，这里饱含着对人生的感慨，同时也是范进联系自己身世后：一是一种辛酸的笑。疯跑到集市的路上，他"拍着笑着"，对范进来说，这是一种彻底的放松；在作者写来，这是一种极大的讽刺。文中还有许多处用夸张的笔法进行直接描写，深刻而有力地揭露了当时科举制度对于人们身心的毒害。二是作者适时地从侧面延展，将人物形象写实写活。侧面烘托又分两种：一种是穿插在范进喜极而疯的每个过程中；另一种是依次描写众人、老太太、娘子胡氏、众邻居的对话。作者把握了不同人物的年龄和身份，写老太太是"哭道",而胡氏在众人面前则比较克制。话的内容也有不同,老太太只是悲叹命苦,而胡氏考虑的是怎样治病,作者对人物的性格把握得十分精准。三是作者用细节描写使人物性格形象更丰满。

文章中大量使用了夸张和对比的表现手法。要说喜极而泣,这是生活中常有的事,作者在此悄悄地绕开常情,运用夸张的手法将科举对人们的毒害这一事实放大,就具有了强烈的讽刺效果,让读者更清楚科举是怎么回事。虽夸张但并不失真,在当时"万般皆下品,唯有读书高"的社会里,"中举发疯"虽不是普遍的事,但也是"会有的实情"。文中运用夸张和对比的手法刻画胡屠户和范进。如胡屠户每天杀猪,白刀子进去,红刀子出来,应该胆色过人,可是当众人叫他打醒中举后喜极而疯的范进时,他竟然感到为难,并胆怯起来,怕会下地狱,后来在众人强推之下,只得连斟两碗酒喝了,壮一壮胆;打了范进一记耳光之后,竟觉得那只手隐隐作痛,而且不能把手掌弯过来。这些描写,可谓穷神尽相,把胡屠户无知的性格表露无遗。这样的例子文中比比皆是。以上这些,都是值得赏析的写作手法。因此,教师应在疏理故事情节的基础上由分析人物形象入手,强调作者以对比的写法为突破口,引导学生由浅入深层次分明地理解课文的意义,从社会环境、时代特征的角度来深入地理解范进中举这一悲剧故事。学生通过对课文的学习,学会阅读并且理解小说的方法,以此提高欣赏文学作品的能力。

最后,在扩展层面上,因为《儒林外史》是清代讽刺小说的代表作品,具有高度的艺术价值,教师可节选小说的其他情节,在课堂上补充,以便学生更深层次地理解小说主题。课后还可推荐学生阅读整部小说。

(三)学情分析

初中学段的学生已经能自己搜集相关资料然后借助资料内容自学课文,具备一定的小说常识和自学能力,学生这时往往理性分析不足但感性认识较强。而此例课文文本内容生动加之语言形象,学生容易为课文情节、语言所吸引,而忽略文章主旨,缺少对文章思想性和艺术性的分析,教师在课堂上要把教学的重点放在此处。

三、《羚羊木雕》教学实施

《羚羊木雕》是张之路的一篇小说。教学中要求学生掌握课文中的有关生字词,能够着力培养学生自主、合作、探究的学习方式,创设好自主学习的情境,引导和组织探究性问题的提出及解决,整体感知课文的人文精神。教学过程中,重点是学生要充分感悟文章中的人物思想感情,欣赏人物形象,整体感知课文的人文精神。

第四节　诗歌阅读教学设计与实施

一、《化石吟》教学设计与实施

（一）课文介绍

《化石吟》是七年级上册第五单元的一首诗歌。这一单元选录五篇不同体裁的文章，分别是《化石吟》《看云识天气》《绿色蝈蝈》《月亮上的足迹》，还有一篇《河中石兽》。这些课文都是和科学密切相关的，旨在培养学生的科学精神和探索未知世界的兴趣。阅读这些文章可以丰富知识、开阔眼界，更有助于我们体会求真求实的科学精神，养成观察思索的习惯。

科学题材的诗歌比较少见，《化石吟》是一首兼具科学和抒情的现代诗。本诗作者张峰毕业于北京大学生物系，曾任中国科学院古脊椎古人类研究所《化石》杂志编辑、副主编，他在生物化石方面的知识极其专业，所以文本涉及了很多生物学的知识，如鱼类的进化、鸟类的进化、两栖类的进化等内容。作为一位生物学家，作者并不是简单书写生物化石的知识，而是通过诗的形式、通过优美的语言，向读者展现了亿万年前那让人惊叹的使人神往的古老而神秘的生物世界。因此，教学过程除了必要的联系生物学内容外，重点是欣赏诗中优美的语言、神奇的意境，通过诵读去感受诗歌鲜明的节奏与和谐的声调，从字里行间去体会作者对化石由衷的赞美之情。

（二）教学任务分析

文学欣赏要借助想象展开，诗歌的欣赏也是如此。诗人会在诗歌中留有大量的空白，等待读者通过想象和联想去填补。在诗歌教学中抓住了学生的想象力，就等于有了抓手，能更好地理解诗人所要表达的意境和内涵。七年级的学生对化石这样的古生物有着极大的好奇心和探究欲，所以上课时要利用好孩子的好奇心，引导他们走进化石的世界，孩子们的想象力会给他们带来独特的体验和创造性的思维，也许此时的体验和思维还是比较个性、比较直观，这恰恰是打开文学作品、走进诗歌大门的一把钥匙。教学设计中应通过诗句的品析，引导学生去发现诗中存在很多留白的诗句，如"你把我的思绪引向远古，描绘出一幅幅生物进化的图画",这里的化石引导人们想象出生物进化的历程,可以让学生通过课前的预习来说一说生物进化的具体过程;又如"时光在你脸上刻下道道皱纹,犹如把生命的档案细细描画",这一句中的化石能够记录生命演化的历程,可以引导学生就某一种生物谈谈生命演化经历的过程。

对诗歌的节奏把握也是本诗的重点,本诗节奏非常鲜明,也非常有特点。文章开篇就以问句的形式,成功地引起了读者的兴趣,让人在产生了神秘感的同时带着疑问欲往下深究;进而抒写了遐思的内容用文笔把读者代入远古生物世界中去探秘;最后一节照应开头。全诗结构完整严谨,有放有收,有问有答。整首诗朗读起来有一种回环往复的韵律美。

(三)学情分析

《化石吟》的教学对象是七年级的学生,对古生物等未知的事物有极大的好奇心和探究欲,诗歌所写的内容学生容易理解,但他们的诗歌审美能力还在形成中,所以在本课的教学过程中,教师要充分利用他们的兴趣,引导学生进入特定的审美意境,体会诗歌的美,感受大自然的奇妙以及科学的伟大。班级学生存在差异,所以设置问题要有难易之分。在教学时切忌过度讲解生物学知识,把语文课上成生物课,应以诗句中生动贴切的字词为切入点,去解读那个亿万年前奇幻的生物世界,去体会作者那份对化石由衷的赞美之情。诗歌非诵读不能体会其美,本诗的节奏鲜明、声调和谐、情感饱满,所以要引导学生反复诵读,感受音乐美和情感之美。

二、《祖国啊,我亲爱的祖国》教学设计与实施

(一)课文介绍

《祖国啊,我亲爱的祖国》是作者舒婷的一首饱含爱国热情的代表作品。这是一首有着鲜明时代烙印的诗歌,与舒婷的人生经历有着直接的关系。舒婷出生于20世纪50年代,初中毕业以后在"上山下乡"洪流中插队到闽西山区,直到1972年才得以回城当工人。本诗很好地表达出渴望光明与美好的一代人的心声。

全诗共四节,前两节诗人运用"破旧的老水车""熏黑的矿灯""干瘪的稻穗""飞天袖间"的"花朵"等意象,形象地写出了祖国数百年来的贫困落后的状态,表达出诗人深沉悲痛的心情。后两节诗人通过一组"簇新的理想""蛛网""雪被下古莲的胚芽""泪眼的笑窝""雪白的起跑线""绯红的黎明"等意象,形象地描绘了处于历史转折时期的祖国奋起的状态,

流露出经历挫折的一代青年愿意用自己的血汗去换取祖国富饶、荣光、自由的心声。

在品读本诗时，可以关注诗人的新颖别致的意象，这些意象都是常见的，却很少有人会选用，而且诗人通过这些意象的组合，概括出了祖国从苦难到新生的发展过程，也表达出经历那个特殊年代的青年人独有的心声。这首诗歌的意象数量在各小节中的分配也是很有讲究的，不仅在乐感上构成一种回旋往复的效果，同时层次清晰地将全诗的感情控制在由悲哀痛苦向欣喜高昂的旋律推进中，所以是集体诵读的好版本，在课堂中可以加强诗歌的诵读。

（二）教学任务分析

诗歌教学重在意象的解读。意象的解读是把握诗歌主旨的抓手，只有对诗歌中的意象有了由浅入深的理解，我们才能对诗人的情感有深刻的理解与体会。这里的意象与其他歌颂祖国题材的诗作相比，比较新颖别致。

诗歌教学要学会用"双线并行"的诗歌情感原则，以历史性的情感去理解诗歌，以时代性的审视去评价诗歌。舒婷在本诗中委婉曲折地表达了自己对祖国炽热的情感。在那个年代，很多年轻人有着对祖国最赤诚浓厚的感情，有着一种理想主义的情怀，这就是诗歌情感的历史性，我们可以通过对诗歌的赏析以及对诗人背景的了解读出诗人的情感，也可以引导学生跳出诗歌时代的限制，立足当下，以当代人的眼光去审视诗人的情感，给学生自由，进行多元的解读。

（三）学情分析

《祖国啊，我亲爱的祖国》的意象比较多，如"水车""矿灯""稻穗""路基""驳船""花朵""起跑线""黎明"等，并且这些意象还带着修饰语。对于九年级的学生，有些意象很容易理解，但有些需要老师的适当点拨，比如"花朵"等。关键还需要通过理解这些意象来读懂诗人的心声。教课中切忌把对祖国的热爱变成空洞的说教，要结合诗人的背景真正体会经历那个特殊年代的青年对祖国深沉的爱。同时，也可以根据学生的具体情况，对舒婷这段时代烙印鲜明的爱国情怀展开理性解读。

三、《饮酒（其五）》教学设计与实施

（一）课文介绍

《饮酒（其五）》是八年级下册第六单元第30课《诗歌五首》中的第一首。《饮酒》

这组诗共20首，是陶渊明弃官归隐后陆续写成的一组五言古诗。这些诗大多是酒后即兴之作，借"饮酒"的题目，写对世事人生的感慨。语文书中所选的这首《饮酒》是第五首，以这一首的格调最娴雅有致。诗主要是描写一种归隐生活，即陶渊明自己在乡村，远离俗世悠然自得的惬意生活。之所以有这种惬意，正是因为作者离开了官场，脱离了复杂的污浊的社会环境，远离了世俗的牵绊，当下觉得十分清静，种花、采菊，抬头可以看到南山的美景，心中感到无限美好，生活过得悠闲、舒适。从中反映出作者对官场心生厌倦，渴望淳朴的生活，对山野生活充满向往与热爱之情。

全诗语言平淡朴素，但又不失韵味。诗人以毫不夸张的手法，用家常话写出沁人心脾的境界，显得自然而又耐人寻味。源于景，寄以情，结于理。开头两句写"心"和"地"，只是想表明"人的心境"与"身处环境"的关系，只要"心远"，无论身处如何喧闹的环境，都不会受世俗的干扰。接着，诗人运用优雅的菊花、苍茫的南山、日夕的山气、归还的飞鸟等意象，为读者勾画了一幅美好的风景。景色是如此淡雅，情感是这样的自然超凡、与世无争，所以诗人用"此中有真意，欲辩已忘言"来结尾，道出自己对人生透彻的心境。

（二）教学任务分析

"颂其诗，读其书"，还得"知其人"。在本课的教学中，我们首先需要对诗人的写作背景和诗人的生平等了解，这样才能真正体会诗意，否则只是浮于诗词的表层含义中。陶渊明是一个幽居于田园中，不问世事的隐士，但他对中国文学产生了深远影响，甚至成为后世士大夫的精神归宿。田园诗是陶渊明开创的，也是由陶渊明把它推上了顶峰。唐代有很多田园诗人，比如王维、孟浩然等，他们所创作的田园诗都是受陶渊明的影响。他写过一百多首诗歌，而《饮酒（其五）》这首诗是陶渊明辞去彭泽令，决心隐居后所作。诗人通过描写农村的美好风光，展现了自己闲适的生活和超脱的心境。全诗清新自然，写出了诗人与世无争、怡然自得的感情。若是没有他超凡脱俗的品性和对人生感悟的心境，如何有此诗作？

一首诗就好比一座漂浮于大海上的冰山，我们看到的只是冰山的一角，其主要部分却藏在海面下。在教学中，应采用小组讨论的方法，让学生各抒己见，逐词逐句来理解本诗。课堂上，首先经过小组讨论，形成自己的看法后，由小组长发言，再经全班一起探讨，教师适时地补充资料、适当地提问，让学生能发现藏在海面下的那部分宝藏。

当然，诗词教学要注重朗读。通过诵读，熟悉词作的内容，感受作者的情感，体会诗歌的意境。所以，老师在教学过程中，要不失时机地指导学生诵读，对学生朗读时的语速、语调、停顿以及重音的把握等要进行纠正、指导，让学生通过诵读熟悉诗句、理解诗歌、体会诗歌作者欲表达的主旨，进而品味走进诗歌的意境。

（三）学情分析

陶渊明这位诗人，对于八年级的学生来说并不陌生，前面已经学过他的文章《桃花源记》《五柳先生传》和诗歌《归园田居》等。八年级的学生特点是有一定的知识积累，有一定的分辨能力，有丰富的情感以及活跃的思维，学生在课堂上的参与意识增强，但同时客观思维能力较差、课堂参与盲目性强，所以，老师要让学生对诗歌进行反复阅读，让学生在诵读的过程中逐步去感受诗歌意蕴，这样学生学习起来就轻松了。

虽然陶渊明的诗大多在字面上写得很浅，好像很容易懂，其内蕴却很深，需要反复体会。所以，对于八年级的学生来说，有许多东西恐怕要等生活阅历丰富了以后才能真正懂得。因此，在课堂解读过程中，要因学生的基础而异，也不必过多、过深地解读，符合学生的理解认知即可。

四、《武陵春》教学设计与实施

（一）课文介绍

《武陵春》是九年级上册第六单元的词五首中的一首。这首词继承了传统的词的写法，以第一人称用深沉忧郁的旋律，塑造了一个孤苦凄凉、愁绪满怀、流荡无依的中年才女形象。

词的上片极言眼前景物之不堪，心情之凄苦。首句"风住尘香花已尽"，交代的是季节特征，点明已到暮春时节。"日晚倦梳头"，是通过天色已晚而词人仍无心梳洗打扮来表达内心的哀伤。紧接着"物是人非事事休，欲语泪先流"，面对春日的花开花落，年年如此，但自己身边的人大不一样了，即使有心诉说自己的遭遇和心情，也是言未出而泪先流。

下片进一步表现悲愁之深重。开始，笔锋一转，另辟蹊径，"闻说双溪春尚好，也拟泛轻舟"。词人想去寻求一个消除愁苦的去处。不过，转而却又否定了自己的计划。"只恐双溪舴艋舟，载不动许多愁"，怕的是双溪上那蚱蜢般的小船载不动自己内心沉重的哀愁。这里词人运用"也拟""只恐"几个虚字把自己的思想活动富有层次地表露出来，让人印象深刻。这首词写得新颖奇特，遂为绝唱。同时，她的词语言既浅显自然，又新奇瑰丽，富于表现力。如本词的那句"只恐双溪舴艋舟，载不动许多愁"，让人过目不忘。

（二）教学任务分析

　　古诗教学要讲究"知人论世"。《孟子·万章下》有云："颂其诗，读其书，不知其人，可乎？是以论其世也。"孟子是这样认为的，若想理解一篇文学作品，就要对创作者的生平经历、其所处的时代背景有所了解，一个人不能脱离他所生活的环境，作品更是由这样的环境中创作出来，所以要与古人为友，要了解其所生存的时代、社会及个人遭遇，才能体会出作者于作品中欲表达的思想感情。这也是我们在讲解古诗文的时候，要让学生掌握的一种评价作品和人物的方法。通常的诗歌都是如前人所说："歌诗合为事而作。"在此课的阅读教学中，学生自读注释、查找相关资料，老师通过简要介绍让学生在了解作者及作品创作背景的基础上，去深入地、准确地理解诗歌内容，从而把握作者的思想感情。李清照这位宋代婉约派女词人在中国古典文学的词坛中独树一帜，她之所以取得如此高的成就，不仅源于她自身优越的文化修养和才华本领，还与她生活的特殊年代和所经历的时代变迁有关。学习李清照这位旷世才女的诗词，一定要把握住她的人生经历，结合她所经历的背景读诗，这样才能真正了解她诗歌的美，感悟到作品的思想感情，赏析诗歌的写作艺术。

　　诗词教学还要注重朗读，通过诵读，熟悉词作的内容，感受作者的情感，在教学过程中也需要让学生学习一些诵读的技巧，如运用关键字词重复朗读，读出全词一唱三叹的韵律美，诵读出词人内心深处的苦闷和忧愁。

　　赏析词句时，老师可以启发学生揣摩作者的心理，或者构建画面展开想象，寻找恰当的情感和语调来诵读、解读词作，达到感受作品意境，深刻品味词作内涵的目的。

（三）学情分析

　　对于古诗词，学生并不陌生。从小学到初三，已经熟记了很多唐诗宋词，并已经知道两大词派：豪放派和婉约派。李清照的词，在七年级上册课外古诗词中已学习过她的《如梦令》，九年级上册课外古诗词学习了她的《醉花阴》，所以对她有了一定的了解，也初步掌握了鉴赏古诗词的步骤、方法。

　　《武陵春》这首词是李清照在金兵南下，宋朝面临危难的时期，携家眷避乱到金华时所写的作品。她流离失所，无依无靠，所以字里行间满是悲苦愁情，全词仅四十九个字，字字句句离不开一个"愁"字，学生能理解这是一首描写愁的诗词，却不知作者如何写愁，又为何而愁。所以，老师可根据学生的实际情况，结合学生收集的资料以及老师课堂上多媒体展示的材料，补充相关的写作背景，让学生真正走进李清照的愁绪。

第五章

新媒体环境下的初中语文阅读教学

第一节 新媒体颠覆传统阅读模式

一、新媒体的发展及读者阅读行为的变化

"新媒体"是美国哥伦比亚广播电视网（CBS）技术研究所所长戈尔德马克于1967年率先提出的。之后，"新媒体"作为一个新概念的讨论就没有停止过。由于新媒体的"新"是相对于传统媒体而言的，其内涵正随着媒体的发展不断充实和更新，故学术界对"新媒体"概念的界定也一直没有统一。联合国教科文组织早期给新媒体的定义是：新媒体就是网络媒体。高校教材《新媒体概论》对"新媒体"的定义是：相对于传统媒体而言的，报刊、广播、电视等传统媒体以后发展起的媒体形态，是利用数字技术、网络技术、移动技术，通过互联网、无线通信网、卫星等渠道以及电脑、手机、数字电视机等终端，向用户提供信息和娱乐服务的传播形态和媒体形态。严格地说，新媒体应该称为数字化新媒体。相关的定义还有很多，基本都是基于新媒体的数字信息技术和网络形态提出的，在此不一一列举。

面对各机构组织和研究学者赋予的不同定义，匡文波认为，技术上的"数字化"和传播过程中的高度"互动性"才是新媒体区别于传统媒体的根本特征。基于近年来广泛呈现

于大众面前的新媒体存在形式，匡文波的观点突出了新媒体区别于传统媒体的最大特点，更符合当下新媒体的发展趋势。在这种观点下，新媒体不再是笼统的数字化媒体，而是能够最大限度地实现受众互动参与的互联网以及处于互联网下的移动终端。这些新媒体的特点给大众阅读行为带来了影响。曾祥芹和韩雪屏在《阅读学原理》中对"阅读"的概述如下：一种"从印的或写的符号中取得意义的心理过程"和"基本的智力过程"（《中国大百科》的定义），其包括了"读者、读物、阅读时境"三大因素。《阅读学新论》中也提到了，阅读本身是一种以视觉感知为活动的主要形式，以书面语言为主要对象，为获取知识与信息，相伴着感情活动的思维活动过程。显然，和报刊、电视等传统媒体相比，互联网或互联网下的移动终端丰富了读物的存在形式，使符号的承载量、可承载类型和呈现形式更加灵活、多样，其所营造的阅读时境也变成了一个多元交互的信息传递系统，能够同步实现受众的身份转换与信息传递，使得每个信息的接受者也是信息的传递者，体现了一种以人的意志为转移的多元交互的信息传递关系。这就使阅读者的阅读目的、阅读方式、阅读思维和阅读情感等因素都有所变化，阅读的活动过程也发展成对多类信息进行筛选、接收、整合和输出的综合处理过程。

中国互联网络信息中心（China Internet Network Information Center，CNNIC）发布的《中国互联网络发展状况统计报告》显示，截至 2021 年 2 月，我国网民达 9.89 亿，互联网普及率达到 20.4%。其中，有 99.7% 的网民通过手机上网，手机网民达 9.86 亿。互联网、智能手机等网络移动终端是新媒体的主要组成部分，可见，随着这些新媒体的发展，新媒体的受众已有相当的数量并逐年增加。可以预测，基于新媒体环境的阅读行为作为一种新的阅读趋势正在流行，并且将随着新媒体时代的推进发展为国民阅读的常态。

二、新媒体影响下的阅读特征

（一）更为充分的互动参与

新媒体更为便捷的信息交互渠道和更为丰富多样的阅读平台使阅读中的读者与作者以及他人之间的交流对话得到了更充分的实现，互动参与的方式更加自由、多样、灵活。新媒体庞大的信息承载量和使用范围也使阅读的互动空间和参与对象更为广泛。例如，新浪微博、腾讯新闻、知乎这些类型不同的阅读平台都存在点赞、留言、话题、直播讨论等多种互动模式，且基本没有时间、空间和内容的限制，进入的成本和门槛低，任何人都可以注册账号参与互动阅读，随时随地交流心得体会，读者对评论的再评论也可以成为其他人的阅读内容，如此延续，循环往复。总之，无论是读者之间还是读者与作者之间，阅读时产生的表达、交流和获得反馈的心理需求在新媒体环境下都可以得到满足。相比之下，传统阅读的互动参与受到较多限制。例如，某报刊媒介有一个互动专栏供读者表达与分享阅读体会，读者可以通过邮寄、电话等方式送出信息，但是从报刊收到反馈信息再到下一次刊登共享，这个过程有一定的时间差，互动的不同步不仅影响了信息共享的效果，也无法最大限度地满足读者及时表达和收获回应的心理需求。信息从读者到编辑部再到读者也是一个多环节的过程，如果其中任何一环出现问题，如报刊没有收到反馈信息，下一次的版面空间不足等，这个信息传输过程就会中断，互动就无法顺利完成。而且，互动的参与对象十分局限，只有在恰当的时间内购买并阅读该报刊的读者才能及时跟上互动交流的节奏。

（二）更为广泛的社会阅读

充分的互动参与也强化了阅读行为的社会性。阅读作为读者与作者的思想交汇甚至更多人共同探讨的过程本身就表现出了群体性，即强烈的社会性。而新媒体带来的相互交织的信息系统和更为便捷的互动参与，使彼此间的交流更加充分，使有着共同阅读取向的个体更容易聚集到一起形成群体的阅读行为，且个体作为信息传播中重要环节的角色在新媒体环境下更为突出，个体的信息处理和大众的信息传播完整地融合了，这也使个体的阅读取向极易在短时间内聚焦起来，对大众阅读趋势产生作用。

从近年来的新媒体形势可见，新媒体阅读平台普遍倾向于传播公共信息这类大众普遍关注的内容。例如，猴年春晚开播的前夕，"网友呼吁六小龄童上春晚"的事件吸引了大众读者的关注，嗅到热度的各大新媒体终端也都在第一时间分享了相关资讯，从中获取了不少关注度和浏览量。其中，几大知名新闻客户端对事件进展进行了跟踪播报，很多社区平台也发布了主题讨论，音频类客户端推出了《西游记》怀旧系列歌单等音频节目，购物消费的客户端也都围绕《西游记》主题发布了相关推送。无论自身情况如何，无论是出于有意还是无意，读者基本处于大众舆论的包围中，随时进行着群体化阅读行为，且随时可能成为公共信息的传播者，这也使读者的阅读选择具有了更多的社会意识。不同平台的传播以期该事件能获得更多的关注和重视。可见，新媒体环境下的阅读行为体现了更为广泛的社会性，而读者身为社会成员的主体价值以及参与社会进程、发挥社会作用的诉求在这个过程中也得到了满足。

（三）更为高效的阅读行为

日新月异的信息技术推进了信息的更新速度，也使个体对一定时间段内通过阅读所能获取的有效信息的数量、种类、时效性等因素有了更高的要求。在互联网和移动终端的支持下，各类资源集合与共享的场所如雨后春笋般出现，且各个平台都有各自的指向和受众。例如，知网是学术文献的集合平台，腾讯新闻专门提供新闻消息，豆瓣则是提供文娱类综合信息的社区平台。读者可以根据自身的阅读需求到不同平台浏览信息，这也为他们的阅读效率提供了保障。与阅览室等传统的阅读平台相比，这些平台的信息发布量大、涵盖面广、分布集中、更新速度快、时效性高、阅读成本总体偏低，能够同时满足读者对阅读信息的多重需求。

（四）更为丰富的阅读内容

新媒体承载的信息量是庞大的。新媒体爆炸式的信息量使读者可轻易获得的阅读内容几乎涵盖了自然科学、社会热点、时事政治、娱乐八卦、时尚流行、文学艺术等方方面面，既有多元的广度，又有探究的深度。例如，在新媒体上以文学作品为内容展开搜索，可以同时获得古典的和现代的、经典的和流行的、中国的和外国的各种文体的作品。以教育教学为内容进行搜索，可以同时查阅不同民族、不同国度或者不同时期的相关资料。若想有深度地了解，还可以登录知网、中国国家图书馆等资料库查阅相关的资料。这种集广度与深度为一体的阅读可以同时通过新媒体阅读平台来实现。例如，在知乎客户端上，读者可以通过向专业人士发问并邀答的形式写下包括自然和社会科学在内的任一方面问题，寻求专业人士的分析和指导。相关的专业人士收到该问题后可以在第一时间给出反馈意见，其他读者也可以针对这些反馈提出新的问题，或者加以补充，逐渐地对问题的解答与讨论越来越多，并最终形成一个主题的探究型资源共享。虽然传统媒介也包含了丰富的阅读内容，但由于传统媒介有限的流动性，它们无法全部集中于一个空间内供读者快捷地搜索和提取。在传统媒介中，要如此高效地集中某一领域的专业人士，让他们在第一时间内对某个问题主动给予专业性的反馈，并在公共平台同步共享、深入探究是很难实现的。这也是读者在阅读中了解专业知识、展示专业能力、发挥专业作用、体现专业价值的不同个体追求的实现路径。

（五）更为人性化的阅读体验

与传统的阅读媒介相比，手机等移动终端的携带更为便捷，新媒体阅读平台对阅读者的阅读体验也更为重视。大到整个电子数据库，小到手机屏幕上仅闪现几秒的快报、推送，这些信息的展现形式更加多样、简洁，提供的信息筛选和查询功能也更加便捷。阅读者可以根据自身情况选择信息搜集平台、读取信息的途径，以及读取信息的时间和地点。面对猛烈的信息攻势，阅读板块的设计也日趋规整，各类信息被分类处理、呈现，为阅读者提供了更为舒适便捷的阅读体验。例如，某新闻客户端就把阅读界面划分为"要闻""财经""娱乐""体育""汽车""科技""社会"等多个板块，界面上方还附有快捷检索渠道、热搜排行等。有的客户端还会根据读者的阅读习惯量身打造阅读内容，定时推送和提醒。为了给阅读者带去更舒适的阅读感受，许多客户端界面都在依据阅读者的阅读需求进行调整。例如，一些网络平台的客户端带有夜间阅读模式，版面设计也有多个版本供阅读者选择。某电子阅览器的界面依据护眼的原理，为阅读者提供了浅黄色和浅绿色两种护眼壁纸。阅读模式上，该电子阅读器还设计了模拟书页翻动的阅读模式，使读者在电子屏幕上也能感受到纸质阅读带来的舒适感。为了给阅读者带去更有冲击力的视觉效果，信息的呈现类型也变得复杂起来，逐渐由传统的单一元素，转变为文字、图片、声音、视频等多种元素组合的立体结构。例如，许多微信订阅号的阅读界面采用了多种素材相融合的方式，包括背景音乐、图片、音频、主题文字等，给阅读者带去以视觉为主的多方位的感官体验。总之，在新媒体的影响下，读者的阅读体验越来越丰富，阅读的效果也逐渐优化，这些变化都使得阅读者身为阅读主体的重要性得到了充分的体现。

第二节 新媒体时代的多元阅读途径

一、高效阅读有声书

（一）将"暗时间"转化为有效阅读时间

不论是学生、职员或是自由职业者，每个人一天的时间中，都有一些比较碎片，不太需要用脑的"暗时间"，有的事不得不做，但在做事的同时，其实还有富余的注意力与精力。对于学生来说，上学放学的路上、排队等待的时间等都属于这类"暗时间"，它们的数量还可能很大,每个人一天可能有3~4小时的"暗时间",是花在价值较低的事务上的。

一方面是3~4小时的"暗时间",另一方面是没有时间阅读书籍的普遍问题。如果能将两者平衡,将暗时间加以利用,那么在不影响学习与休息的情况下,你就可以增加阅读量,将低价值的"暗时间"转化为高价值的阅读时间。而具体的方式,就是通过有声书进行阅读。

(二)如何选择适合自己的有声书

1. 选择有声书的两个基本标准

有声书与纸质或电子书相比,特点在于它的线性化。虽然传统的书也是以线性方式书写的,也大都鼓励读者按顺序阅读,我们在阅读时,却不是那么线性。读到难懂的地方或是自己感兴趣的部分,我们会放慢速度,还可以重新回头读一些段落;读到简单或是不感兴趣的篇章,我们会加快速度,也可能跳过一些内容。在阅读过程中,你也可以随时跳到其他章节。而有声书就不一样了,它的特点是线性化,以基本一致的速度进行播放,目前也不太容易在收听时快速跳跃到其他篇章,或进行快速的检索。

在选择有声书时,不论是虚构还是非虚构类的书,可以按两个标准进行筛选:语言尽量符合口语表达的习惯,以第一人称讲述更佳;书的内容结构不是强关联,各章节之间的逻辑联系不强。

如果是虚构类有声书,适合收听有声书的标准可以简化为:这本书是不是一个好的故事?如果是,那么它就适合用有声书的形式阅读。

Audible畅销榜前列的虚构类有声书《玩家一号》,就非常适合收听阅读。它的语言非常口语化,故事主线很清晰,角色也非常鲜明且数量不多。所以,这也是选择虚构类书籍的标准:口语化、主线清晰、角色鲜明且关系清晰。非虚构类书籍,自传、纪实类、新闻类、社会科学类、历史类题材都很适合用有声书收听,比如施瓦辛格的传记《全面回忆》,格拉德威尔的《异类》和《逆转》,大前研一的《创新者的思考》,都很适合用有声书的形式阅读。

有的非虚构类书籍虽然难懂,但作者讲故事的本领很强,比如尤瓦尔·赫拉利的《人类简史》。这种书用听阅读就很容易。但一些国外引进的书籍,翻译得是否流畅,也决定这本书是否适合收听。有很多译本阅读起来就磕磕绊绊,听有声书就更难懂了。

有一个小技巧可以作为选择非虚构类有声书的参考:找到自己感兴趣的书,然后找其中一两段文字（你可以在亚马逊或是豆瓣上找到试读的章节），自己小声朗读，如果觉得很通顺，那么就可以考虑用有声书的方式收听阅读。

2. 选择合适的朗读语速

选择有声书时，选择语速适合的朗读也很重要。前面提到的中英文有声书资源，基本都提供试听。你可以先听一段，分辨朗读的音质、语速是否适合自己。这一点对于英文有声书特别重要，因为在英文有声书领域，朗读者相当于演出者，对书的质量影响不亚于作者。

适应标准语速之后，可以试着调快语速，这样单位时间内获得的信息量会更多。如果是非母语（例如英语），也可以在开始设定为慢速，稍后逐步升级为正常语速，甚至再提速。如果你能慢慢适应1.5倍速，就相当于阅读速度提升了50%。

加快倍速收听有声书，和采用速读法阅读纸质或电子书一样，是一种快速获取信息的方式。一些朗读风格鲜明，或是具有沉浸式收听体验的书，使用倍速阅读可能损失一些阅读的乐趣，但习得这样的能力，可以让自己有更多的选择。

（三）收听有声书的注意事项

1. 找到符合自己的收听场景与时间

阅读有声书，首先要找到符合自己的收听场景。每个人情况不同，状态不同，适合听有声书的时段与场景也各不相同。上班族可能有大量的时间用于通勤，学生会有一些独处或运动时间，找到自己最适合听书的时段，设定为有声书的阅读时间。听书时间不宜过长，通常30分钟左右为宜；或者可以根据播讲的情况，以章节为间隔。

举个例子：在上学或是放学的路上，非常适合听有声书，注意力也容易集中；但每当可以坐下来，有时注意力就不容易集中，这时候阅读电子书可能是更好的选择。关注自己的日常活动与注意力状态，尽量找到最适合自己的听书时间。

收听开始时，可以先用几秒钟自我激励：想想读完这本书时的自我成就感，完成自己的目标。点燃自己的状态，这1分钟可能让你对接下来的阅读跃跃欲试！

收听过程中，最难的还是保持专注力。上学路上的同学，一定要注意周围的安全（不要一边骑车一边听书，很危险的）！如果注意力没集中，可以继续，也可以倒回去听。

2. 避免干扰

收听有声书时一定要排除干扰，特别是手机上的弹出提示！如果你查看了任何一条提示，至少还需要两倍以上的时间恢复之前收听有声书的状态；如果你回复一条信息，基本上阅读就被彻底打断了。我们可以将有声书的章节设置为一个结点，听完一个章节后，简单整理自己对这一章内容的理解，然后再去处理其他的信息与事项。

3. 提高有声书的收听量

要提高有声书的收听量，可以从两个方面入手：一是保证每天的收听时间；二是训练自己慢慢适应较快的语速。

做一个算术题：如果每天听30分钟书，按中文朗读的标准速度250字每分钟计算，30分钟可以收听7500字，13天就可以听完一本10万字左右的书，一年就是28本书。这样的阅读量已经超过99%的人了。

有声书平台Audible就有每天收听时间的统计，可以帮助使用者查看自己的阅读进度，更好地培养自己的阅读习惯。另外，微信听书也有每天90分钟的免费收听时间，如果能把这个时间利用好，阅读量也非常可观。

如果你已经养成每天收听有声书的习惯，可以在适应标准语速之后，试着调快语速，这样单位时间内获得的信息量会更多。如果是收听非母语的有声书（例如英语），也可以在开始设定为慢速，稍后逐步升级为正常语速，甚至再提速。如果你能慢慢适应1.5倍速，就相当于阅读速度提升了50%。

（四）有效进行有声书的摘记与输出

1. 对有声书进行摘录

听书最大的劣势是无法直接摘记书中的内容，但这恰恰也可以是它最大的优势：你可以根据自己的理解，用自己的语言写摘要。正如前面章节分享的，用自己的理解写的摘要，是读完一本书最重要的收货。为了记录更多的细节，还可以以章节为单位：听完一章，就写下或是录下自己的简短概要。每次听完一个章节记下摘要后，记得给自己一点小奖励：听首自己喜欢的歌，吃点零食，或是喝杯咖啡。你越享受整个过程，就越容易坚持下去！

我在收听有声书时，会在听完一章内容之后，打开一个笔记App，然后用Siri语音输入的方式记下自己感兴趣的主题内容或是案例。这样我就有了一手的素材。收听完全书后，我会将所有的笔记整理，形成自己的读书笔记，也会使用录音笔记录。

2. 先标记，再统一整理摘记与笔记

如果是使用Audible等有声书收听的App，可以在听到相对重要，觉得有必要做笔记的段落时，用软件的标签功能打一个书签；阅读完一个章节或是阅读完整本书后，可以集中

进行整理，可以再听一遍加了标签的内容，确定值得记录，就使用自己的语言写下概要；可以使用纸质本子整理笔记，也可以使用电子式的文档，在电脑端进行录入整理。这样可能多消耗一些整理笔记的时间，但效果很好。

3. 借助工具将标注的语音自动转录为文本

如果想要整理出精准的摘记内容，便于使用，也可以使用下面的阅读技巧，将你标注的语音通过电脑整理成可以检索的文本内容：①阅读时使用有声书软件中的书签工具，对想要摘录的内容进行标注（各款有声书软件的功能不同，需要尝试）；②阅读完毕后，使用有声书软件顺序播放标注的内容，同时使用电脑录制；③将电脑录制的声音文件上传至软件中进行语音转文本；④下载文本文件，即获得可检索可编辑的读书摘录文档文件。

4. 有声书在阅读完后如何输出

如前所述，听完每一章后写下概要，读完全书整理总概要，即可写出读书笔记。如果过程中有遗忘或是需要补充，写读书笔记时可以上网查询，这样的效果更好。有些朋友可能觉得有声书吸收效果有限，输出效果不好。这主要取决于阅读时是否专注，是否能在阅读时整理概要，是否能在总结时查阅相应的资料。

另外，听完有声书后，最容易进行的输出就是讲给别人听。收听有声书是声音转换为信息的方式，讲述是信息转换为声音，这个过程比书写更加自然，也更节约时间。如果习惯这样的练习，你的表达能力以及对书中内容的理解力、记忆能力、总结能力、逻辑思考能力都会得到很大提升。

（五）中英文有声书平台与资源

目前中文有声书并没有类似Audible这样的最权威选择，各个有声书平台比如微信听书、懒人听书、喜马拉雅FM等等都各具特色。一些读书平台可以通过智能引擎合成语音，朗读效果也能达到传递信息的目的。读者如果有已经下载的书籍文档，还可以使用有声应用程序自制有声书。

1. 中文有声书资源——静雅思听

静雅思听成立于2007年，有网站和App，其中文有声书制作水平较高，但App和网站的用户体验很差。静雅思听的内容偏人文社科类，有图书和短文。付费机制是会员付费，初级会员、高级会员、Vip会员，非会员用户可免费阅读短文资源，图书资源可听部分。

（1）喜马拉雅FM

喜马拉雅FM有大量声音爱好者自发录制的有声书资源，水平参差不齐，需要进行一定的筛选，但也有很多优质的资源。喜马拉雅FM内容覆盖度很高，更有许多接地气的娱乐性的内容，属于老少咸宜的阅读平台。

（2）懒人听书

懒人听书是一款听书软件，有手机端App和网页版，拥有海量小说、评书、娱乐、教育、广播剧、资讯、电台节目等正版有声内容，书籍资源非常丰富。

（3）微信听书

微信听书是微信官方出品的听书应用，可以免费收听有声小说、书籍和各类音频节目。目前，每天可以免费收听90分钟的有声书。

（4）微信读书

微信读书也算有声书吗？是的，一方面微信读书中有"签约讲书"的版块，提供很多书的真人播讲版，效果也很不错。另外，因为微信读书内置语音引擎，可以支持将其中的文字类书籍使用电子语音的方式朗读。微信读书App电子语音朗读是纯机械发声，声音很死板，适合快速获取信息；优点是只要有电子书，就可以选择发声朗读，不需要再购买有声书的版本。

（5）讯飞有声

如果你已经有可以复制的内容文本，还可以通过讯飞有声手机应用程序的人工智能语音生成自己定制的有声书。需要提醒的是，好的内容不论是有声书、网络课程或是经验分享，大多是需要付费的。

2. 英文有声书资源

英文有声书的市场，基本是Audible。除了Audible之外，还有其他一些平台与软件推荐：Nook Audiobooks、Audiobooks Now、Downpour、OverDrive和LibriVox。

（1）Audible

Audible是目前世界上最大的有声书制作与销售商，目前有15万本书的资源，而且还在不断增加。Audible的书可以单独购买，通常在15~30美元一本，也可以通过订阅制，每月14.95美元，可以下载任意一本有声书。

Audible的有声书制作质量很高，经常会请名角朗读。从用户体验的角度来看，Audible做得也非常好。虽然一本书读下来不便宜（通常在10~15美元），但长远来看，这样的投资既收获了阅读量，又练习了听力，比用同样的钱买单独的听力材料要划算得多。

Audible上的英文有声书会单独注明播放时长，便于你规划时间。如果养成长期收听的习惯，可以考虑购买包月的会员，这样第一本书是免费的，后面每本书收费14.95美元，比较划算。一本书平均20小时左右读完，如果每天的通勤时间够长，一般一个月就可以听完一本英文书。

但如果你觉得订阅费太贵，或是只能在Audible中使用比较受限，还有下面的五种选择。

（2）Nook Audiobooks

Nook Audiobooks属于美国老牌出版商Barnes＆Noble，一直是亚马逊的竞争对手。Nook Audiobooks平台目前有50000本以上的有声书供选择，采用直接销售有声书的方式，适用于安卓系统。

（3）Audiobooks Now

Audiobooks Now有安卓和iOS版的App，目前提供80000多本经典和畅销有声书，订阅月费低至5美元，用户体验比较一般。

（4）Downpour

Downpour提供了大量没有DRM限制的书，可以供用户更自由地分享和使用下载的书。App的用户体验也很不错，有章节、书签、闹钟、后台下载等功能。缺点是价格较高，其订阅费13美元一个月，已经和Audible差不多了。

（5）OverDrive

OverDrive是一个针对图书馆系统的应用程序，简单说就是可以免费借有声书，你只需要有一张图书馆的借书卡或是学生卡。它也支持跨设备同步，你可以在不同的设备间切换收听。缺点就是选择有限。另外，OverDrive最近更新了一个新的手机端应用程序Libby，可以提供更好的用户体验，目前有26000多本有声书，也是全免费！其中的有声书质量非常高，同样是使用图书馆卡登录，可以免费借阅。

（6）LibriVox

LibriVox是一个真正的免费有声书平台，有大约15000本公共版权的有声书可以借，但要注意的是，所有的有声书都是由志愿者录制，水平和质量参差不齐。

如果刚开始收听英文有声书，且有支持OverDrive系统的图书馆借书卡的话，可以先试试OverDrive或是Libby的免费有声书，其他情况，都优先推荐Audible。虽然Audible的一本有声书售价不便宜，但如果你真的听完并听懂一本英文有声书，收获的价值是远超过书的价格的。

（六）有声书的局限性与适用范围

硅谷的明星投资人纳瓦尔·拉威康特曾在自己的推特上说："用听书代替读书，就像用喝而不是用吃的方式摄取蔬菜。"他的意思是，有声书虽然可以让我们更快地汲取书中的知识与营养，但不可避免地，还是会有很多有价值的营养会因为这个过程而流失。

在阅读了上百本中英文有声书之后，总结发现有声书适合作为广度阅读的主要方式。收听有声书，可以尽量选择一些相对较宽领域，有助于拓展我们认知世界的书。另外，千万不要想100%抓住全书所有精华，有这种高要求，往往无法坚持收听完一本有声书。收听有声书就像在森林中漫步，体验与感受全书的内容之余，能够有几个值得记住的高光时刻，就已经很有收获了。如果读完一本有声书，发现其内容非常有价值，那么不妨再收听一遍，或是找文字版重新阅读。

二、影像阅读

（一）影像阅读的特点

1. "潮"特点

所谓"潮"特点，指如涌潮那样铺天盖地，像退潮那样了无踪影。你只要看看那些站着的、坐着的、走路的、吃饭的"低头族"，你就知道"影像潮"的厉害。千千万万的人，无时无刻盯着手里ipad和各种新潮手机——"影像潮"把整个世界都掀动了，它改变了我们的阅读习惯，也改变了我们的生活模式。影像潮让人们感到新鲜，也感到虚空。因为我们看的不是大浪淘沙后留下的经典，而是不断迁移、不断覆盖的新潮信息。"影像潮"的八卦多于真知，戏谑多于严谨，浅薄多于厚重，尽管可以给人一定启发、一定遐想，但缺乏经典性、深刻性和永久性。

2. 视觉特点

"视点""视野"和"视幅"是影像阅读的三个功能。视点，一般是指人在图文阅读时眼睛的"注视焦点"。数码视觉阅读的视点很难固定，因为图与文一般是分开阅读的，当我们注视影像时，就不能注视文字，反之也一样。人的视点是人眼睛主要功能的体现，也是视神经器官的展现"窗口"。视野一般是指人的眼球向正前方直视不动时所能看见的空间范围。这种用眼睛能看到的所有空间范围称为视野。数码视觉阅读受到阅读器的限制，一般的阅读器不涉及视野问题，户外大型阅读器有视觉的范围有多大或有多宽的问题。视幅一般是指人图文阅读时,眼睛停顿一次所能看清内容的有效幅面。常常用来指人在阅读时其眼睛停顿一次所能看清的文字、词组和句子的最大限量。每个人的视幅广度因生理条件、文化水平、阅读目的、阅读习惯不同而有一定的差异,但人的大脑和眼睛识别一个词和多个词所需时间几乎是相同的,因为信息数量都处于相同的视幅广度之内,任何人都能经过训练充分利用和逐渐扩大其阅读视幅。人们经过训练后在阅读时其眼睛停顿一次所能看清的文字、词组和句子最大,其视幅就大,他的阅读速度就快,阅读效率就高。在相等的时间里,视幅越宽的读者,读速越快,反之则越慢。大家一旦明白了视幅这个道理,在阅读时或训练中就会有意识地主动扩大自己的视幅,以提高自己的阅读速读和效率。

3. 图文切换特点

视觉切换特点主要是因为影像与文字往往出现在一个画面,我们不但受各种形象的刺激,还要从时时滚动的文字里读取更准确的信息。这种影视与文字的交替阅读,给我们带来阅读潜能研究的新课题。

影像阅读与纸质阅读除了载体不同外,还有一个区别就是视觉切换频繁。切换包含两方面内容;一是影像与文字之间的切换;二是文字与文字、影像与影像之间的切换。数码影视的滚动,文字一般以每分钟240字的速度进行,这是一般人的语速。在纸质阅读时,这样的速度是足够的,但是我们在数码阅读时,需要在图文之间频频切换,这样当我们还没有来得及切换时,画面就过去了。

人的视觉实际上分为左脑视觉和右脑视觉。左脑视觉属于三维视觉,即能看见肉眼所能见到的事物,而右脑视觉则能够看到左脑视觉无法看到的内容。因此,影像阅读视觉切换的本质是左右脑神经的切换和互补。

影像阅读之器在哪里?影像阅读的信息属于什么性质?影像阅读的过程又有哪些?

(二)右脑是影像阅读之器

潜能发展心理学认为,人类的一切行为,喜、怒、哀、乐的情感,以及所有科学、技术、文学、音乐的发现、发明、创造和创作,都源于人类聪明的大脑,是大脑后天训练的结果。

右脑是影像阅读之器。如果进行形象一点的描绘,右脑就像个艺术家,长于非语言的形象思维和直觉,对影像有超常的感悟力,空间想象力极强。不善言辞,但充满激情与创造力,感情丰富、幽默、有人情味。而左脑就像个雄辩家,善于语言和逻辑分析;又像一个科学家，长于抽象思维和复杂计算，但刻板，缺少幽默和丰富的情感。左右脑两部分由3亿个活性神经细胞组成的胼胝体联结成一个整体，不断平衡着外界输入的信息，并将抽象的、整体的图像与具体的逻辑信息连接起来。奇迹般的事实说明脑功能是一个整体，而且一个半球可以代替另一个半球的功能，半个大脑也能挑起一个大脑的重担。

人脑的大部分影像记忆，是将情景以模糊的图像存入右脑，就如同录像带的工作原理一样。信息是以某种图画、形象，像电影胶片似的记入右脑。所谓思考，就是左脑一边观察右脑所描绘的图像，一边进行符号化、语言化的过程。所以左脑具有很强的工具性质，它负责把右脑的形象思维转换成语言。

被人们称为天才的爱因斯坦曾经说过："我思考问题时，不是用语言进行思考，而是用活动的跳跃的形象进行思考。当这种思考完成以后，我要花很大力气把它们转换成语言。"可见，我们在进行思考的时候，首先需要右脑通过非语言化的，"信息录音带"（记忆存贮）描绘出具体的形象。

影像阅读是隐秘创造。现代社会强烈要求的创新能力或者说创造力是什么呢？它实际上就是把头脑中那些被认为毫无关系的情报信息联结、联系起来的能力。这种并不关联的信息之间距离越大，把它们联系起来的设想也就越新奇。人是不能创造出原始信息的，所以，创造力也就是对已有的信息再加工的过程。

（三）影像阅读之信息性质

影像阅读从感觉系统进入大脑皮层后，兼具实体和非实体信息两种性质。

信息作为非实体信息在大脑中的运动目的大致可以分成三个方面：一是产生外显行为反应，二是产生记忆，三是产生情绪。作为第一个目的，信息可以按感觉系统中的相同机理在大脑皮层中运行。输入信息在大脑已经建立起来的神经网络系统中，按照一定的路径通过特定的神经子网络系统进行映射处理（即信号有序地流过该子网络系统），然后输出相应的特异化的信息指令到随意运动系统中，产生相应的行为反应。第二个目的是产生记忆，记忆并不是生命在生存过程中的终极性目的，所以记忆自身还存在目的，其目的是使得生命主体在未来能够做出更好的行为反应（在外来信息刺激下）。要想产生更好的行为反应，只需具备结构更好的神经网络联系，结果就可以实现其终极目的。现实中信号在神经元间流动就会自动地产生或加强突触联系，建立或加深记忆。第三个目的也可以认为只是信息过程的结果，心理学实验发现，情绪反应与记忆效果及与对外来信息的反应能力之间存在高度相关性，所以可以认为情绪反应具有影响建立神经网络联系的作用及改变函数$U(t)=F(X_1, X_2, X_3, \cdots)$中某些影响因素的作用，这种作用具有一定的控制性质。

作为具备实体信息能力的要求，大脑皮层应该能够随时在外来信息刺激作用下迅速发出恰当的指令，支配随意运动系统做出恰当而又必要的行为反应，同时还要求大脑皮层能够主动地建立新的更好的神经网络联系系统（即新的记忆）。这两种要求都是对神经网络系统提出的，前者要求具备一个达到一定功能状态的网络，后者要求网络可达到的功能不断提升，以适应更高的要求。前者是已有记忆的再现，后者是新的记忆内容的增加。记忆的建立存在主动和被动两种形式，在信息以非实体信息性质运动的过程中，神经元之间会自动地产生突触联系，建立起被动性质的新的记忆。人们还会以记忆某些特有信息关系（即知识）为目的，反复输入知识信息对应的信息内容，使得大脑皮层能够按被动记忆同样的机理产生主动记忆。主动输入知识信息的过程就是影像阅读的学习过程。

（四）影像阅读的过程

影像阅读过程，是三个联系在一起的基本的运转结构。它们分别是印象结构、表象结构和图式结构。

影像阅读生发于视觉，但视觉本身并不是影像阅读，它必须通过印象才能上升为影像信息。在印象的基础上形成的具有一定概括性的形象，是事物不在面前时人们在头脑中出现的关于事物的形象。从信息加工的角度来讲，表象是指当前不存在的物体或事件的一种知识表征，这种表征具有鲜明的形象性，是形象认识的高级形式。表象不但具有印象记忆功能，而且具有对应表达的功能，尤其是使用语言表达事物现象的功能。影像阅读第三层面是图式结构。图式的心理学意义，不同的心理学流派都有一些论述，最突出的是瑞士儿童心理学家皮亚杰的发展心理学。皮亚杰理论体系中的一个核心概念是图式。他把图式看作是心理活动的框架或组织结构，是认知或思维结构的起点和核心，或者说是人类认识事物的基础。因此，图式的形成和变化是认知或思维发展的实质。

影像阅读是建立在图式基础上的，图式是不断生发的，而原生态的图式来自遗传。图式经过抽象概括等加工过程，将那些个别的非本质的不重要、不突出的东西去除，就把事物特有的普遍的重要的本质的属性突显出来。这些保留着事物本质属性、重要特点，又十分简要、概括、抽象的图式，就是概念。概念一旦形成，影像阅读就进入了理性思维的范畴，开始了逻辑思维活动。从图式到概念，是影像阅读的飞跃，它标志着一个更高级的阅读形式已经开始。完成从图式到概念的转换的思维结构，我们称它为抽象结构。这是一个从形象思维升级为理性思维的关键性思维结构。

这样，影像阅读就有两个结构，即抽象结构和形象结构。抽象结构将影像的核心内容——图式转化为概念，实现形象思维到理性思维的转化；而形象结构却相反，它将抽象思维的核心内容——概念转化为意象，完成由抽象思维到形象思维的转换。就在这一往一复之间，人的思维又向前迈进了一大步，构成了一个内在的向前发展的循环。这个循环就是创造性思维结构，是人类思维的核心系统。经典力学的奠基人伽利略曾想象：在一个比冰还要光滑的摩擦系数等于零的平面上，一个小球一旦进入运动状态，且不施加任何外力时，它将无休止地运动下去，通过这样的思维实验，伽利略发现了著名的惯性定律。爱因斯坦创立相对论，也首先是从想象光速运动的"思维实验"开始的。在科学研究中，任何一个理想模型的构思，都不能没有想象。19世纪末20世纪初所出现的一系列原子模型：洛伦兹的弹性束缚电子模型（1896年）、勒纳的动力学模型（1902年）、汤姆逊的正电原子球模型（1903年）、长冈平太郎的土星系模型（1903年）及卢瑟福的太阳系模型，无一不是形象思维的产物。

（五）课堂影像阅读

课堂影像阅读是指用电脑、投影仪或者电子白板等视频工具，放映与本课相关的教学资料，如图片、文字、音频、视频等，甚至展示一些相关书籍供学生观看。随着传媒技术的提升，课堂影像阅读成为教学的常态。

1. 课堂影像阅读概述

课堂影像阅读是辅助教学的，最普遍的影像阅读形式是教学课件。课件是现代教育技术发展的产物，具有很强的时代特点，也是教育现代化的标志之一。运用教学课件可以大大地提高课堂教学效率和教学质量。它有如下特点：第一，直观性。教学课件可把教学内容进行直观化，这与一般的教具具有相同的作用。第二，动态性。教学课件可把教学内容进行动态化，这是一般的教具无法完成的任务。第三，结构性。课件不仅有其外部表象，更重要的是内部的结构系统，要想弄清知识内容的内部系统，运用教学课件是比较好的办法。在未来课堂中，用到的与计算机视觉相关的技术主要有图像处理、图像识别和图像理解。图像处理技术把输入图像转换成具有期望特性的另一幅图像，图像处理主要利用图像处理技术进行预处理和特征提取；图像识别是指根据从图像抽取的统计特性或结构信息，把图像分成预定的类别，图像识别主要用于对人的动作、物品等的识别与定位；图像理解不仅描述图像本身，而且描述和解释图像内容所代表的含义，图像理解主要用于对场景的理解和对人的行为和意图的识别等。

运用多媒体课件是为了达到更好的教育教学效果，而教育教学效果的优化要由教育思想、理论与现代教育技术手段的共同合作得以实现，也就要求教师正确地掌握现代教育理论，合理地使用现代教育技术手段。教学课件只是教师优化教学的一个手段，起到辅助的作用，它不会也不应该超过教师的地位。教育要关注人的心理发展和完善，注意通过非智力因素，如情感交流、表扬鼓励、关心爱护等拉近教师与学生之间的距离，加强师生间的默契配合，更好地提高学生的学习效果。教师在利用多媒体课件进行教学时，不能过分地依赖机器去达到教学效果。在教学中，应该是教师利用多媒体课件把课讲得更生动、形象，而不应该让课件替代教师教学。

2. 课堂影像构成元素

课堂影像构成元素主要有界面、文字、图片、视频和动画等。

界面设计要关注整体框架，提纲挈领，突出重点，要让学生尽快读懂整体的"谋篇布局"，将内容的排列组合及其相互内在联系勾勒清楚，分清主次，主要内容处于界面的视觉中心。界面整体要色调和谐，各元素搭配构图得当，背景和文字颜色有反差，文字修饰适度，字体、字号有层次，前后风格统一。

中文字体大致可归为宋体、黑体、圆体、书体等类别，英文字体有上百种。字体的选择应由内容层次和段落大小确定，通常是由粗到细、由重到轻排列。在一个界面中，字体一般不超过3种，常用的是黑体、宋体、楷体，多了就会引起视觉上的混乱。字体不宜花哨，将原有字体加粗、变细、拉长、压扁或倾斜，可丰富界面，但正文用字要规范，否则会影响阅读速度。字号的选择按内容层次由大到小。从主标题、分级标题到正文用字一般在60～30号，每行文字不超过20字，一般控制在13～18字。字与字之间的距离称作字距，行与行之间的距离称作行距。字距大或行距窄，会造成上下文字相互干扰，容易跳行读错。字距与行距比例的要求是行距要大于字距。具体距离应根据主题而定，正常多用标准值或默认值，如果是娱乐、抒情类界面或简介、告示类宣传品，亦可灵活处理，以增加界面的装饰效果。

图片在传递形象信息、吸引读者的注意力、美化界面等方面具有独特的作用，但使用不当也会影响界面的效果。对图片的选择应符合表达的主题，避免重复使用。在保证清晰度的情况下，要选用适当的尺寸和格式（常用Jpg、Png格式），尽量减小图片的数据量，以便课件运行顺畅。图片通过剪裁处理，去掉容易使人分心的内容，可以突出主题，使观众更集中注意图片所传递的有效信息。图片放置占用面积要得当，不要太靠边缘。使用图片时一般要描边，使图片从底图中分离出。文字说明尽量放在图片下侧或右侧，这样符合视觉习惯。

视频的运用要适度，一般用在必要的部位。在课件设计中除特殊情况外，不要大段大段地运用视频。使用视频时，要在保证画面质量的情况下，适当放大尺寸，减少数据量，Wmv、Rm、Avi、Mpeg、Mov是常用的视频格式。

使用动画是讲解抽象教学内容、复杂工作原理的一种较好的辅助手段。三维动画的制作较复杂，在运用时要掌握时机，用到最需要的地方。二维动画能在多媒体课件集成软件中制作的，尽量在集成环境中完成，使操作简便。动画运用形式要和课件风格相协调。

色彩能影响人们的心理和情感，亦有形成对比、产生层次的作用。不同的色彩给人不同的心理感受，根据主题选用合理的色调，有助于表达情感。如热烈的、歌颂类的内容可用红橙黄类的暖色调，感情色彩不浓的教学内容，一般使用中性或偏冷的色调。色彩运用要统一，一是底图决定整体色调，文字等要素选用的颜色要与底图协调。如蓝、绿底不要用红字，红、紫底不要用蓝字。特殊情况确需使用，可采用描白边（PowerPoint在艺术字中实现）的方式，将文字勾出，使色彩和谐。二是文字选用的颜色不宜过多，一般不超过3种，避免画面过花哨，破坏整体和谐。通过采用色彩对比的手段，可强化章节、段落的结构。如在蓝色背景上，一级标题用红字（加白边），二级标题用黄字，正文用白字，使内容层次清楚明了。

幻灯片的切换可采用一些动画特效和音效。动画特效如飞入飞出、淡入淡出等，使用得好可增加课件的观赏性，但不必过多地追求变化方式，以免分散学生的注意力。音效如键盘声、片断音乐等，自学型的课件可视情况适当加入，但课堂讲授用的课件一般不需要，否则会影响讲授的节奏。

3. 多媒体课件制作

多媒体课件集文字、符号、图形、图像、动画、声音、视频于一体，交互性强，信息量大，能多路刺激学生的视觉、听觉等器官，使课堂教育更加直观、形象、生动，提高了学生学习的主动性与积极性，减轻了学习负担，有力地促进了课堂教育的灵活与高效。在现代教育技术被广泛应用的形式下，多媒体课件的设计制作越来越成为广大教师所应掌握的一种教学技能。

（1）选题

选择能突出多媒体特点的课题，选择能发挥多媒体优势的课题，要适合多媒体来表现。例如在语文《荷塘月色》教学中，我们可以用多媒体课件集声音、视频的特点，精心设计以荷塘为背景的视频，以古筝为背景音乐，使二者巧妙配合，创设一种声情并茂的情景，使学生完全沉浸在一种妙不可言的氛围中，不知不觉地融入课堂中。这种效果不是单凭教师讲，学生听所能达到的。

初中语文阅读能力培养的研究

　　选择用传统教学手段难以解决的课题，选择学生难以理解、教师难以讲解的重点和难点问题。例如在理、化、生实验中，有的实验存在许多微观结构和微观现象，语言来表述就会显得比较抽象，难以理解。如果我们能用课件来演示传统手段不易解决的实验，就会使抽象的内容具体化、形象化，提高教学效率。在物理"α粒子散射实验"中存在微观现象，很难观察，而且在一般的实验室中也很难演示，如果利用多媒体课件，则很容易将微观现象展示出来。在生物实验中，有些实验的时间比较长，有的甚至要几天，例如"植物细胞的有丝分裂"，如果用多媒体课件来展示，可能只要1~2分钟就可以将整个过程演示清楚，提高了课堂效率，加深了学生印象。

　　注意效益性原则。由于制作多媒体课件的时间周期比较长，需要任课老师和制作人员投入大量的时间，付出巨大的精力，所以制作课件一定要考虑效益性原则，用常规教学手段就能取得较好的效果时，就不必花费大量的人力、物力去做多媒体课件。

　　（2）编写脚本

　　脚本一般包括文字脚本和制作脚本。文字脚本又包括教师的教案和文字稿本。制作一份优秀的课件，首先要求任课老师写出一份好的教案，而且是能体现多媒体优势的教案。文字稿本要明确教学目标，教学重点、难点，反映教学的进程及教学的树型结构，明确课件的类型，使用的最佳时期（多媒体课件在课堂上的使用，应符合学生思维的递进性和教学的连贯性，在恰当的时候切入课件）。制作脚本就是把教学进程具体化。制作脚本首先要对课件进行整体构思，要将主界面和各分界面设计好，将要用到的文字、图形、解说、音频、视频以及交互都要设计好，同时还要对播放课件的时间进行规划，对于配音、配乐可以请普通话讲得好的老师和音乐老师帮忙、把关。

　　（3）收集素材

　　理想的素材是制作优秀课件的基础，课件素材使用的优劣直接关系到课件的优劣。制作人员应建立一个素材库，平时要注意积累制作课件所需的素材，并且要进行登记及分类保管。课件素材的来源主要有以下几种方式：一是自己制作。在平时空闲的时间里，我们可以制作一些原始的或相对稳定的素材，例如，用flash制作一些简单适用的动画，用word或wps制作一些常用的箭头或理、化实验中的实验器具，用数码相机摄制校园环境或学校举办活动的素材。二是利用光盘上的素材。现在在市面上有许多基于教材的素材光盘，与教材相对应的风景、建筑、人物以及音频、视频等素材琳琅满目。另外，在课件评比、素材交流中留心收集优秀的成品或半成品素材。三是利用网络资源。自己制作素材或利用光盘上的素材都存在一定的局限性，而在Internet上，可以说不同学科、不同类型的素材应有尽有。一方面我们可以下载一些可能用得着的优质素材，另一方面要留心对一些提供大量素材的网站加以登记，记下网址，制作课件缺某些素材时，就可以有目的地直接到该网站上去搜索、查找、下载，当然使用时要注意版权问题。

（4）选择合适的制作平台

根据教学内容的不同，根据素材的类别以及课件的开发要求，我们要选择适合表现课件内容的制作平台。

PowerPoint是一种易学易用的软件，操作方法简单，它以页为单位制作演示文稿，然后将制作好的页集成起来，形成一个完整的课件。如果制作时间不充裕，结构比较简单，使用它能在短时间内编制出幻灯片类型的课件，具有较强的时效性。

Authorware是课件制作者用得最多的软件之一，它最大的特点是交互功能非常强，而且它能把文字、符号、图形、图像、动画、声音、视频整合在一起，能充分体现多媒体的优势。还有很重要的一点是，它是以图标为基本单位，是基于流程图的可视化多媒体设计方式，一般不需要进行复杂的编程，所以用它制作课件也比较简单。

另外，制作多媒体的常用工具还有Director、方正奥思、洪思多媒体编著系统，凯迪多媒体创作系统、ToolBook等。

（5）制作合成

有了制作脚本并根据脚本的需要收集好了素材后，就可以利用多媒体创作工具对各种素材进行编辑，按照教学进程、教学结构以及脚本的设计思路，将课件分成模块进行制作，然后将各模块进行交互、链接，最后整合成一个多媒体课件，制作课件一定要注意以下几个原则。

第一，内容与形式的统一。课件是用来辅助教学的，因此教学内容一定要有针对性，要有利于突出教学中的重点，突破教学中的难点。其次，课件要符合教学原则和学生认知规律，内容组织清楚，阐述、演示逻辑性强。为了达到教学目的，还要采取一定的形式，我们可以通过新颖的表现手法、优美的画面、鲜明和谐的色彩及恰当地运用动画和特技来调动学生学习的积极性和主动性，启发学生的思维，但一定要注意表现形式不要过于花哨，容易喧宾夺主，把学生的注意力集中到表现形式上去了。

第二，注重参与性。在制作课件时一定要在课件中留下一定的空间，能让老师和学生共同参与进来，这样就能提高学生的学习兴趣和学习热情，学生就会融入教学中去。如果一堂课从头到尾都是计算机唱主角，就像放电影一样，不经过学生的思考就将教学重点、难点都展示出来，那么就不利于培养学生的思维能力，不能培养学生的创新能力，就失去了课件制作的意义。

第三，注意技术性。许多一线老师的计算机水平不是很高，所以要做到：1.求课件操作简单，切换快捷；2.要求课件具有良好的稳定性，在运行过程中，过渡自然，动画、视频播放流畅，不应出现故障；3.交互设计合理，页面跳转，人机应答都要合理。4.要求兼容性强，能满足各种媒体所要求的技术规格，在不同配置的计算机上能正常运行。

4. 课堂影像的交互技术

大部分教师在实际教学过程中一般都喜欢使用PowerPoint来制作其所需要的教学课件，但是一些老师对PowerPoint的交互功能认识不足，一般仅用幻灯片对教学内容进行播放与浏览。其实PowerPoint中也提供了多种交互技术，合理利用这些交互技术，不仅能制作出更加精美的多媒体课件，还能提高教师教学技术和学生学习的兴趣，从而促进多媒体教学。

（1）超级链接技术

PowerPoint默认的是按顺序一页页播放幻灯片，呈现课件内容。超级链接是一种内容跳转技术，可以将幻灯片上的文字、图形、图像及其他对象转换为超链接，实现课件中任一点内容与其他对象、幻灯片、文件或网络资源建立链接，实现页面的跳转及内容的转换，可以对课件内容重新进行组织，使得整个课件交互性更强，方便用户的使用和学习。PowerPoint中可以通过超链接命令、动作设置、动作按钮来实现对象的超级链接。

①超链接命令

PowerPoint中包含一个所有Office应用程序所共享的超级链接对话框，可以方便地对幻灯片中的对象插入超级链接。一般步骤：单击鼠标选中要添加超链接的对象，单击菜单"插入"｜"超链接"｜命令，或单击鼠标右键，在弹出的快捷菜单中选择"超链接"命令，打开"插入超链接"对话框；在对话框的"链接到："选项中，单击选择拟链接到的对象的类型，然后根据需要设置或浏览选择具体的链接跳转目标即可。

②动作设置

PowerPoint中也可以通过动作设置来建立超链接。使用超链接命令建立的超级链接是通过鼠标单击来进行链接的跳转，而动作设置可以通过单击操作或鼠标移过操作来实现超级链接。在幻灯片中使用动作设置的一般步骤：单击选中要添加动作设置的对象，在菜单栏中选择"幻灯片放映"｜"动作设置"命令，或单击鼠标右键，在弹出的快捷菜单中选择"动作设置"命令，在弹出的"动作设置"对话框中，有"单击鼠标"和"鼠标移过"两个标签，一个是鼠标单击添加链接的对象实现链接的跳转，一个是鼠标移过添加链接的对象实现链接的跳转。

③动作按钮

PowerPoint中的"动作按钮"也可进行超级链接实现跳转。在幻灯片中设置动作按钮的方式是：在菜单栏单击"幻灯片放映"｜"动作按钮"选项，或选择绘图工具栏中"自选图形"｜"动作按钮"命令，即弹出相应的动作按钮的级联菜单，单击选中一个动作按钮，鼠标会变成"+"字形，在幻灯片中按住左键拖出一个按钮，并打开"动作设置"对话框，进行相应的设置，单击"确定"按钮，即可完成动作按钮的设置。在PowerPoint课件制作中，按钮的应用很广泛。除了使用软件自带的动作按钮外，用户也可以导入外部制作好的按钮文件，然后对按钮对象进行动作设置，实现链接的跳转。

（2）触发器

触发器是PowerPoint中实现交互的重要方法，所谓的触发器实际是一个触发条件，可以用来控制幻灯片中的自定义动画、视频和声音等的播放。在PowerPoint中，文本、图形、图像、按钮、自选图形等各种对象都可以作为触发器。触发器可以在同一张幻灯片中实现指定动画的播放或者不同内容的呈现，使用触发器最主要的是用来设置自定义动画播放条件，精简幻灯片结构。

①设置自定义动画的播放条件

下面以"图片的显示与隐藏"来介绍触发器的使用。本例的效果是单击幻灯片中的文字，图片出现，再单击图片，图片隐藏。

在幻灯片中添加文本框，输入文本"小狗"，插入图片"狗.JPEG"，设置好对象的位置。选中图片，按以下步骤进行操作：菜单"幻灯片放映"｜"自定义动画"，在打开的自定义对话框中，选择"添加效果"｜"进入"｜"出现"，为图片添加"出现"效果。

单击"出现"效果右侧下拉菜单中的计时标签，打开计时对话框。在弹出的计时器对话框中，单击触发器按钮，选择"单击下列对象时启动效果"，在其右侧的下拉菜单中找到触发器的控制对象，在本例中，是形状1：小狗，即我们在幻灯片中输入的文本。单击确定按钮，就设置好了单击文本出现图片的效果，此时，图片的左上角会出现一个触发标志图。

按照同样的方法，对图片设置"退出"效果中的"棋盘"效果。也是通过单击文字"小狗"来进行控制。

最终的显示效果：播放时，幻灯片中仅有文字"小狗"，点击文本"小狗"，图片出现，再次单击文本，图片以"棋盘"效果退出，幻灯片上仅有文本。

自定义动画中"进入""强调""退出""动作路径"的各种效果，都可以通过添加触发器来为其制定动画播放的控制对象，可以利用这些效果来实现选择题、填空题、问答题、连线题等各种交互题型的设计。

②实现PowerPoint中的声音和视频的控制

用PowerPoint制作多媒体演示文稿的时候，很多人通过加入声音和视频来增强作品的表现力，一般直接插入的声音和视频，不能很好地进行人为控制。PowerPoint可以对声音添加的自定义动画有播放、暂停、停止三种。在课件制作过程中，我们可以选择利用触发器设置对象来对这三种自定义动画进行触发，实现声音和视频的控制。

在幻灯片中单击"插入／影片和声音／文件中的声音"，把所需的声音文件导入，导入声音文件后会出现一个对话框，问："您希望在幻灯片放映时如何开始播放声音？"，单击"在单击时"按钮。此时幻灯片中会出现一个小喇叭，喇叭左上方带一个单击触发的标志。

单击"幻灯片放映|动作按钮|自定义按钮"，在幻灯片中拖出一个按钮，在出现的"动作设置"对话框中设置为"无动作"。选中按钮，按住键盘上的"Ctrl键"不放，拖出两个一样的按钮。在右键菜单中选择"编辑文本"，为三个按钮分别加上文字：播放、暂停、停止。

（3）声音和视频控制

用PowerPoint制作多媒体演示文稿的时候，很多人通过加入声音和视频来增强作品的表现力，一般直接插入的声音和视频不能很好地进行人为控制。PowerPoint可以对声音添加的自定义动画有播放、暂停、停止三种。在课件制作过程中，可以选择利用触发器设置对象来对这三种自定义动画进行触发，实现声音和视频的控制。

①在幻灯片中单击"插入／影片和声音／文件中的声音"，把所需的声音文件导入，导入声音文件后会出现一个对话框，问："您希望在幻灯片放映时如何开始播放声音？"单击"在单击时"按钮。此时幻灯片中会出现一个小喇叭，喇叭左上方带一个单击触发的标志。

②单击"幻灯片放映动作按钮自定义按钮"，在幻灯片中拖出一个按钮，在出现的"动作设置"对话框中设置为无动作。选中按钮，按住键盘上的"Ctrl键"不放，拖出两个一样的按钮。在右键菜单中选择"编辑文本"，为3个按钮分别加上文字：播放、暂停、停止。

③设定"播放"按钮来实现声音文件播放。选中幻灯片中的小喇叭图标,单击"幻灯片放映丨自定义动画",在幻灯片右侧出现自定义动画窗格,可以看到背景音乐已经加入了自定义动画窗格中,单击下拉菜单中的"计时"选项,打开"播放声音"设置对话框。选择"计时"标签,在"单击下列对象时启动效果"右侧的下拉框选择触发对象为动作按钮:自定义2:播放,单击"确定"。

④设定"暂停"按钮来实现声音文件的暂停。选择小喇叭图标,在"自定义动画"窗格单击"添加效果"!"声音操作""暂停"。单击自定义动画窗格新添加的暂停效果的下拉菜单中的"计时"选项,打开"暂停声音"设置对话框。选择"计时"标签,在"单击下列对象时启动效果"右侧的下拉框选择触发对象为动作按钮:自定义3:"暂停",单击"确定"。

⑤设定"停止"按钮来实现声音文件的停止。在自定义动画窗格中单击"添加效果""声音操作""停止",然后操作方法如第4步,将触发对象设定为动作按钮:自定义4:"停止"按钮。利用触发器来实现视频的控制的步骤与声音基本一致。PowerPoint中对声音的自定义动画有3种,对视频控制的自定义动画也有播放、暂停、停止3种。

以上介绍的是几种PowerPoint课件制作中能使用的交互技术,合理有效地利用这些交互技术,能使用PowerPoint这一常用的软件工具制作出交互性和模拟效果毫不逊色于专业软件开发工具制作的课件,极大地提升了PowerPoint课件交互功能和开发能力。同时,这些技术简单快捷,容易上手,教师学习的难度不大,能产生很好的效果,从而能极大地促进教师制作的能力和兴趣,更好地促进课件的教学应用。

三、广义的"书":视频、帖子、播客等

(一)什么是广义的书

现在这个时代,书已经不仅限于印在纸上的文字。美剧像是长篇小说,电影是中篇小说,纪录片就是非虚构读物。只要你一直坚持信息的输入,以什么形式阅读都可以,因为它们并没有内容重要。如果目的都是为了学习和了解新的领域,读书比起听播客或是看视频,也不应该有什么优越感。

有人觉得纸质书比电子书高级,但两者都是信息与知识的载体,其差别也只是载体之间的差别。从阅读的目的来看,吸收信息与知识,然后去实践,或是拓展自己对世界的认知,这才是读书更宽广的意义。以这样的态度对待读书,才是真正的读书人,才是"不读

死书"。

所以读书更广的意义，应该是拓展自己对世界的认知。从这个意义来看，广义的书，除了纸质书、电子书和有声书之外，也可以包括视频、帖子、演讲、播客，甚至是自己或他人的经历与体验。

广义的书，包括所有"富媒体"的形式。

（二）阅读富媒体的一些通用技巧

1. 创建自己的思考与阅读记录

这可能是阅读富媒体最重要的一个技巧。我们应该建立一套用来吸收与记录富媒体信息的方法，同时也应该记录自己在阅读时的思考与心得。相比书籍，富媒体的信息更加分散，更碎片化。事例和角度可能更具体，阅读的场景也会更加多样化。你在等待取餐的时候，在B站看了一个8分钟的知识类视频，或是在乘地铁回家时，阅读了两篇微信公众号上的文章。当时你可能觉得这些内容自己完全记得住，但一两周后再一想，已经完全记不得观看的内容了！如果能把自己每天阅读的贴子、收听的播客或是观看的视频中有用的信息，包括自己的思考过程记录下来，这些信息就是你的知识储备。时间一长，数量会非常可观。

建议使用一个自己喜欢的方式，数字化的文档工具，或是纸质的笔记本、卡片都可以，记录自己日常消化信息中有价值的部分。比如我会使用iPad中的手写笔记程序Good Notes，记录观看视频或是帖子中的信息与心得，每个视频用一页的篇幅。这样我可以用自己的方式，创建一个信息卡片。之后，这些内容就可以成为创作或是工作的素材。

2. 有意识地训练自己切换学习的方式

大脑在接受知识与信息时，有自己的偏好，而且每个人不同。有的人习惯通过阅读文字获取信息，有人习惯视频和图像这类更加视觉化的方式，还有人习惯使用音频的方式收听信息。我们可以有意识地将不同载体的信息融合起来，在学习时切换。因为这样的信息切换，对于人的大脑来说，更能保持其活跃度，哪怕你对于某种形式不太适应。对于大多数人来说，阅读文本要比观看视频更难一些。

3. 富媒体时代，不需要从开始到结束

这个时代最不缺乏的就是信息。之前的章节已经讲过，在阅读时，如果觉得这本书的部分内容你不感兴趣（已经了解，或是对自己暂时没有帮助），你完全可以跳过不读，甚

至可以直接跳过整本书。你不需要从头到尾读完整本书。而视频、帖子和播客等富媒体，也可以遵循这个原则：不需要从开始一直看到结束。你可以快进视频或是播客，跳过前面的热身或是简介部分，直接查看自己关心的信息。同样，当你觉得已经获取了需要的信息时，完全可以关闭视频，不用看完剩下的部分。

需要补充一点，就像我们在阅读书籍时，需要有意识地阅读一些自己目前无法理解、超出自己阅读能力的书一样，我们在接收富媒体信息时，如果碰到因为太难或是超出自己的认知而无法接收的信息，你可以记录自己的思考或是疑问。这样，你可以以此为出发点，有意识地学习这些自己不熟悉的领域。

4. 阅读书籍是正餐

硅谷著名投资人Naval Ravikant曾经说过一句话："有声书像快餐，纸质书像大餐。"我很认同这句话。相比纸质书、电子书和有声书这类"正餐"，富媒体更像是知识与信息的零食。它们无法取代阅读书籍。阅读书籍是相对更难一些的信息获取手段，但也是从长期角度对我们更有帮助的方式。因此，有意识地控制富媒体的信息摄入量很重要。阅读书籍至少要占信息输入的大部分，特别是专业领域的知识与信息，最好能符合"二八法则"，即20%的信息输入以富媒体为形式，80%的信息输入以书籍为主。

5. 使用富媒体来增加信息广度

富媒体的形式与内容都很灵活，对于大多数人来说，阅读一本关于微观经济学的书是一件需要面对的事，而观看一个关于经济学知识的10分钟视频短片，压力就会小得多。我们可以利用这种友好性来拓展自己的信息广度，尝试了解陌生的领域。最常见的一种增加信息广度的方式，就是使用富媒体探索更多值得阅读的书。比如你观看了梁文道主持的《一千零一夜》，对其中介绍的某本经典作品感兴趣，就可以主动找来这本书阅读。同样，我们在播客、帖子或是其他地方了解到某些未知但感兴趣的信息，也可以将这些信息作为扩充知识的线索，自己做调查。

（三）如何阅读视频

在这个时代，很多人没有时间读书，却有时间看视频。这没有必要内疚，因为我们的大脑天生就喜欢更丰富、更具体的信息，相比书本上抽象的文字，视频可以有鲜活的画面，生动地讲解，这种信息自然更受欢迎。

通过观看视频进行学习，可以接收声音、画面等多种媒体形式同时传递信息，对于一些内容来说效果要更好，特别是一些需要演示动作或是步骤的专业技能或知识，比如做菜或是健身类的知识，视频可能是更便于传递的媒介。

另外，视频在移动互联网与智能手持设备非常普及的今天，几乎随处可得。这也大大增强了信息输入的灵活性。

当然，比起传统的阅读，视频也有很多缺点。因为视频中的信息不易被检索，可能包含很多冗余信息，缺乏重点。观看视频，有可能用很多时间，最后却发现真正有价值的信息很少。另外，视频平台都有非常成熟的吸引用户继续观看的策略，普通用户很容易迷失在众多视频的选择中，忘记自己最初观看视频的目的。

阅读视频，最重要的是要有自己习惯使用的载体，最好这个载体是可以长期保存和查阅的。如果在收看某个视频时将感受随手写在一张纸上，过后再想查找会很麻烦。使用纸质的笔记本，或是电子化的笔记软件都可以。

有时我们观看视频的场景不允许实时记录（比如在地铁里），这也没有关系，可以在一两天后，回顾这个视频的内容，评估其中的内容是否值得记录。

我自己习惯使用iPad观看视频并做笔记。如果在手机或是电脑端看过一个视频，觉得有价值，我会在自己方便时，用iPad分屏的形式同时打开视频与笔记程序，然后播放视频，并用手写笔记录视频的要点。

（四）播客：用耳朵来进行学习

截至2020年2月，互联网有近100万个可公开访问的播客和超过6100万集节目。在这些播客里，主持人和嘉宾畅聊各种话题，从红酒到健身，从理财到音乐，几乎任何话题都可以找到相应的播客节目。随着人们出行交通时间的增加，国内外音频平台播客领域的日益成熟，收听播客也越来越多地成为一种娱乐与获得信息的方式。

收听播客最大的好处，与收听有声书类似：在一些低思考强度的场景，使用耳朵进行阅读，可以解放我们的双手与眼睛，让我们可以同时做两件事。虽然从提升专注力的角度来说，同时做两件事并不提倡，但如果能将一些垃圾时间，比如在下班交通高峰期的塞车时间转化为收听播客的时间，除了获得信息外，也能让我们的注意力不停留在焦躁地等待上。

阅读播客，同样需要有做笔记的习惯。比起视频，播客中的信息更难以检索查阅，再加上播客的形式以谈话为主，信息的密度与准确度要弱很多。所以收听播客时，如果没有准确记录其中的内容，并不用太在意，可以在方便时主动搜索，查找相应的知识点或是内容。一些播客会在自己的发布平台或是网站附上详细的节目信息，这对我们查找内容很有帮助。

通过播客辅助阅读的技巧：在准备阅读某本书之前，可以在播客平台搜索作者名或是书名，你可能会找到介绍这本书的播客节目，甚至可能找到作者亲自参与录制的播客节目。先收听这些节目，会帮助你更有效地阅读，甚至在很多情况下，听完播客，就已经获得书中内容的精华，都不用再阅读该书了。

（五）其他的书：文章、演讲与会议

阅读文章（比如公众号文章、杂志文章或博客）也是最常见的一种信息获取方式。所有本书分享的关于阅读书籍的原则和技巧，对于阅读文章同样适用。

演讲、会议或是其他更具体验式的信息分享，可以使用上面提到的针对视频、音频的学习方式进行阅读。甚至某些与朋友很有价值的谈话，也可以被视作一种阅读的形式，记录自己的体会、思考等各种学习、成长信息。就像本节开头所说的那样，只要能拓展自己对世界的认知，就属于广义的阅读，也就可以使用本节的技巧提炼价值。

第三节 新媒体环境下阅读教学的实施策略

新媒体在教育的改革中还有很长一段路要走，需要政府部门的支持、学校的重视、教师观念的转变和设计者的参与。也就是说，在信息技术的大背景下，要从政策、经费、人员等各方面全力推动。我们要以课堂教学信息化为重点，并要考虑教师用户在应用中的刚性需求，抓住痛点，实现创新。

一、正确看待新媒体在初中语文阅读教学中的地位

一个新事物的出现总是伴随着争议，教师从"一根粉笔走天下"到"老式放映机"到多媒体投影仪，再到现在的网络终端等新媒体设施，所有的教育设施都在争议中发展和完善。不难看出，我们在争议的同时也对教育现状改革有迫切的希望，希望教育朝着更好的方向发展。新媒体应用于语文阅读教学是教育改革和发展的必然趋势，教师要正视新媒体对教育的促进作用，积极参加培训，提高新媒体设施的利用率。教师若永远对新媒体保持排斥的态度，只当作一种应付并做表面工程，久而久之，教师就可能无法达到和设计者、

学生、教学过程的有效改进循环。

学生的学习兴趣随着年级变化逐步降低。在初中语文阅读教学过程中，视听觉因素对学生的影响很大。可见，教师应充分合理利用新媒体，发挥视听觉结合的优势，提高学生阅读兴趣和阅读教学的效率。

二、加强教师与学生的双向交流

语文是工具性和人文性的统一，既肩负着传授学生语文知识的任务，又要在教学中渗透人文思想，提高学生的审美能力。在运用新媒体进行阅读教学的过程中，教师和学生面对的是"人""机"单向交流，缺乏基本的情感交流。

苏霍姆林斯基指出："情感如同肥沃的土壤，知识的种子就播种在情感的土壤上。"一旦对阅读失去情感，思维、记忆等认识技能的提升将会受到严重阻碍，无论何等抽象的思维，没有情感都不能进行。因此，教师在使用新媒体辅助语文阅读教学的过程中，要注意融入情感因素，以饱满的精神状态点燃学生的阅读激情，做到双向互动和沟通；要突出学生在教学中的主体性和教师的主导作用，要注意扬长避短，因为并不是所有的教学内容都适用于新媒体技术，不能为了用而用，而要适合用才用；要坚决避免使用粗制滥造的教学课件对学生进行疲劳轰炸；要留有即兴发挥的余地和提问互动的时间，不能全部依赖新媒体上的内容。此外，教师要结合板书进行讲授，变换课堂教学形式，吸引学生的注意力，以免学生产生视觉疲劳。将传统教学方式与新媒体技术有机结合，有利于提高课堂的教学效果。

三、平衡互联网与非互联网生活

初中学生自我掌控和辨别能力较差，需要学校、家庭以及社会的积极引导，即要坚决扎紧"篱笆"，积极做好网络安全防范措施，把好网络的"入口""出口"，避免学生陷入网络黑洞不能自拔。随着学生可选择的学习内容、方法、参与的方式日益丰富，学校需帮助学生在互联与非互联生活之间寻找到一个平衡点，确保其不会在丰富的信息空间与技术世界里迷失自我，应鼓励学生科学、合理地使用新媒体技术，对数字世界保持清醒、理性的认识。

此外，新媒体阅读的大势已不可逆转，关键是要转变阅读时的心态。传统书籍和电子书完全可以共同生存。只有静心，不急功近利，不为猎奇八卦而阅读，不为谣言假象而迷惑，才可能避免新媒体阅读弊端。当然，我们也不能忽视纸质书籍带给人们的精神愉悦和心灵触动。现在公共图书馆已经全部免费开放，教师还应该通过多种学习活动，鼓励学生走进图书馆，亲身感受书卷的气息，养成自主阅读的好习惯，这种阅读体验则是网络空间所无法替代的。

四、培养阅读媒介素养

为适应世界教育改革的趋势，提升我国教育国际竞争力，我国在2016年发布的《中国学生发展核心素养》要求学生具有数字化生存能力，主动适应"互联网+"等社会信息化发展趋势，具有网络伦理道德与信息安全意识等。1982年，联合国教科文组织提出："我们必须让年轻人在一个充斥着图像、文字、声音的世界里学会生存。"新媒体阅读已经成为年轻人课内和课外的一个重要组成部分，培养阅读媒介素养，可以对他们的身心健康成长和文化修养起到重要作用。1992年，美国媒体素养研究中心对"媒体素养"做了如下定义：媒体素养就是指人们面对媒体各种信息时的选择能力、理解能力、质疑能力、评估能力、创造能力和生产能力以及思辨的反应能力。

新媒体高速发展，使人们的学习和生活更加便利和多样化，也带来了很多信息，媒介素养教育已成为学生面对信息爆炸的社会所需要的核心素养。叶圣陶先生认为，在课堂里教语文，最终目的是"不需要教"，使学生养成这样一种能力，不待老师教，自己能阅读。教师在日常教学中渗透阅读媒介素养教育，培养学生具备从纷繁复杂的信息海洋中提取自己需要的、有价值的信息的能力；分析信息的能力及做出客观评价的能力。在当下这样一个媒介平台无所不在的世界里，培养孩子的媒介素养，就等于给了他们一双在新世界翱翔的翅膀。

第六章

整本书阅读与课堂阅读教学评价

第一节 整本书阅读方法与实施路径

阅读对一个人甚至对一个民族的成长和发展的重要意义不言而喻。长期以来，尽管我们高度重视阅读教学，将阅读教学视为语文学科最核心的学习任务，但其实我们对阅读教学的理解是有偏差的。单篇阅读及教学长期占据课堂主要的教学时间，课后也很少强调阅读整本书、阅读跟学生的认知水平相符的经典著作。反映在考试形式上，就是对整本书的考查长期缺位，基本就考文学常识，看看学生是否知道一本名著，仅此而已。这其实是非常浅薄的。这就导致学生的阅读现状碎片化、阅读能力浅表化、阅读兴趣快餐化。其实早在20世纪三四十年代，叶圣陶就提出一个鲜明主张，语文学习要"把整本的书作主体，把单篇短章作辅佐"。王栋生讲："语文素养好的学生，其阅读常常是'以整本的书为主'，而非仅仅阅读语文教科书式的文选。"恐怕这也是多数语文教育工作者的共识。

一、课程改革重视整本书阅读

自本轮课程改革启动以来，整本书阅读开始受到重视：课程标准有明确要求，各个学段的语文教材开始出现整本书阅读的内容，考试中出现对名著阅读的考查。

《义务教育语文课程标准（2011年版）》明确要求："多读书、好读书、读好书、读整本的书。"对于课外阅读总量，不同的学段有不同的任务：第一学段（1~2年级）：课外阅读总量不少于5万字。第二学段（3~4年级）：课外阅读总量不少于40万字。第三学段（5~6年级）：课外阅读总量不少于100万字。

反映在教材中，统编本语文教材小学段（1~6年级）的"快乐读书吧"，每册一次，共12次，目的在于鼓励学生主动阅读，体会读整本书的乐趣。到7~9年级，课标要求"广泛阅读各种类型的读物，课外阅读总量不少于260万字，每学年阅读两三部名著"。教材据此每册安排了两次名著导读，重点从文本类型和阅读方法上对学生的名著阅读加以指导。比如，九年级下册的《儒林外史》名著导读，是引导学生阅读讽刺作品；八年级下册的《傅雷家书》名著导读，是引导学生如何根据文本特点进行选择性阅读。而"名著导读"的教材结构，则由名家评价、内容简介、读书方法指导、专题研究和自主阅读推荐几个主题构成，有时候还有对名著精彩章节的选编。我们还发现，教材编写还注意将名著阅读的共性要求与学生的个人自主选择相结合，体现了阅读要求的层次性、递进性与灵活性。

2022年4月颁布的新版《义务教育语文课程标准》，尽管对课程内容有了很大的调整，但依然延续了课程改革以来对整本书阅读的高度重视，整本书阅读作为拓展型学习任务群出现在语文课程内容中。新版课标将语文课程内容分三个层面设置任务群：第一层（基础型学习任务群）：语言文字积累与梳理。第二层（发展型学习任务群）：实用性阅读与交流；文学阅读与创意表达；思辨性阅读与表达。第三层（拓展型学习任务群）：整本书阅读；跨学科学习。整本书阅读的目标是："引导学生在语文实践活动中，根据阅读目的和兴趣选择合适的图书，制订阅读计划，综合运用多种方法阅读整本书；借助多种方式分享阅读心得，交流研讨阅读中的问题，积累整本书阅读经验，养成良好的阅读习惯，提高整体认知能力，丰富精神世界。"

高中阶段延续了整本书阅读的要求。《普通高中语文课程标准（2017年版）》的18个学习任务群中，"整本书阅读与研讨"为7个必修学习任务群中的一个，且其他17个任务群也都和整本书阅读密切相关，如当代文化参与、文学阅读与写作、跨媒介阅读与交流、思辨性阅读与表达、中国革命传统作品研习、中国现当代作家作品专题研讨、学术论著专题研讨等任务群，都是基于具体的整本书阅读展开的一系列学习活动、研讨活动。

与课程改革对整本书阅读的重视相呼应，不少地区对学生语文学业的考试评价增加了整本书阅读或名著阅读，考查方式日趋科学合理、灵活多样。如某地中考，着眼于应用，要求考生"在《昆虫记》《朝花夕拾》《水浒》《傅雷家书》四部作品中任选一部，为其写一段腰封推荐词"。而"腰封上一般会印与该图书相关的宣传与推介性文字",所以考生要完成这一任务,就需要对相应的名著内容和特色有基本的了解,他必须认真阅读这部书,才能按照腰封的写作要求解答这道题。这样的考查,既灵活,又有实用性,避免了死记硬背和投机取巧,有助于中小学对整本书阅读的价值有完整而准确的认识。

二、整本书阅读重在读法

读法即阅读方法,是理解阅读内容所采用的手段或途径。整本书阅读教学中,"读法"是最重要的教学内容之一,是帮助学生形成阅读核心素养的桥梁。"引导学生通过阅读整本书,拓宽阅读视野,建构阅读整本书的经验,形成适合自己的读书方法,提升阅读鉴赏能力,养成良好的阅读习惯,促进学生对中华优秀传统文化、革命文化、社会主义先进文化的深入学习和思考,形成正确的世界观、人生观和价值观。"[《普通高中语文课程标准(2017年版)》]可见指导学生形成正确的整本书阅读方法,是整本书阅读重要的教学任务。

(一)读法的层次与分类

按照胡根林关于整本书读法的认识,读法大致可分为四个不同层次:一是原理层面,二是技术层面,三是操作层面,四是技巧层面。

1. 原理层面——阅读方法观

这种读法体现一定的理念,是从原理的高度,从普遍适用的广度所做的价值判断,但不具有操作性,如整体阅读法、比较阅读法、"出入"阅读法等。

2. 技术层面——阅读策略

这种读法具有中介性和中立性,不具有学科性,也不受限于具体阅读内容,如精读与泛读、跳读与细读、浏览与默读、推断与猜测、勾画与批注等。这些读法,与原理层面的宏观的读法一样,并不指向具体的学科阅读,语文科的阅读适用,数学科的阅读同样有益。此外,以上每种方法各有优点,也各有缺点,合适则有效,反之则无效。既因人而异,又因阅读内容的不同而要选择不同的读法。学生要熟练掌握这些读法,同时几种读法之间还要相互协调和配合,灵活运用。

3. 操作层面——语文学科具体阅读法

这种读法与阅读内容相联系,具有程序性和操作性。如用人物分类法来解读《论语》的思想,用比较法来解读莫泊桑的短篇小说人物形象,用评读法来解读《水浒传》,用跳读和猜读法来阅读《西游记》等。

比较分析：《西游记》的导读方法比较分析活动之一：

"三打白骨精"中的"三打"，连续"打"三次，却不显得累赘重复，是什么原因呢？

阅读有关章节，对比分析，然后组织这样的话题分享活动：同样是打，打的对象不同；

同样是打，打的（ ）不同……（这是对"笔法"的欣赏。）

比较分析活动之二：

活动预热：课外阅读13～30回，说一说唐僧师徒间发生了哪些矛盾冲突。对比分析：唐僧对悟空一直怀有成见，而悟空对师父却渐渐地有了变化，你发现了吗？

比较分析活动之三： 课前预读31～50回。（这是对"人物"的品评。）

课堂上组织阅读分享，话题：这些回目中的"打妖怪"有没有什么共同的"规律"？先比"同"，然后比"异"：

追问：在这些回目中，有一回的"除妖"与其他回目略有不同，你能发现并比较分析吗？

悟空与虎力、鹿力、羊力三个大仙的比拼，有着"特别"的地方，学生回读原著，讨论交流。

比较分析活动之四：（这是对"细节"的感悟。）

"三打白骨精"与"三调芭蕉扇"，同样是"一波三折"写故事，但这两个故事又有很大的不同，请结合原著内容进行对比分析。

（这是对"人物""情节""笔法"的综合比较。）

4. 技巧层面——阅读技巧

这种读法是阅读方法的实际呈现，往往具有个人色彩，可以上升为阅读风格。如古人陶渊明的"不求甚解"法、朱熹"体会·循序·精思"读书法。苏轼曾经讲过自己独特的读书方法："书富如入海，百货皆有，人之精力，不能兼收尽取，但得其所欲求者尔。故愿学者，每次作一意求之。"苏轼认为，一个人哪怕天分再高，精力也是有限的，所以读书不必面面俱到，要由一点切入，要根据自己的需要，有选择、有针对性地读，力求精深。

（二）作为语文教学内容的"读法"

胡根林认为，作为语文教学内容的"读法"，要从"类"和"个"两个层次去理解。

初中语文阅读能力培养的研究

"类"有"类"的读法，文类不同，读法当然也有差异。"个"有"个"的读法，不仅仅是名家、大家有独具个性的阅读法，即便是在校学生，也应体现自己的阅读个性：一是文本理解的个性，二是阅读方法的个性。不同的作家、不同的时代，创作方法、艺术追求都有很大的不同，这也是个性化阅读的前提。

1."类"的读法

与文本类型相适应的阅读方法，如文学类文本读法、实用类文本读法、文化经典类读法、学术著作类读法等。在"类"的读法下，还可以分各种亚类，如小说、散文、诗歌、戏剧，都有不同的读法。

阅读故事类书籍，要引导学生关注人物、内容、主旨。故事性质不同，关注点也要有差异。如读童话故事，应引导学生发挥想象。阅读神话故事，应引导学生感受神话故事的神奇魅力。阅读寓言故事，应引导学生关注故事与道理的内在关系。阅读小说，应引导学生关注人物形象、情节发展、环境描写。

阅读科普类读物，则要引导学生关注事物特点、说明方法、语言风格、科学精神。

我们一些教师自身缺乏文类意识、文体意识、语境意识，容易因此形成错误的读法主张。比如一位语文老师讲到的一个事例：

女儿上小学二年级时，一次语文试题是连线题，正确答案是"拍皮球""喂梅花鹿"。而我女儿的答案是"喂皮球""拍梅花鹿"。我奇怪这么简单的题女儿都会出错，就问她为什么这么做。哪知女儿的回答让我吃惊——"皮球没气了，就是饿了，我给皮球打气，就是喂皮球；我喜欢梅花鹿，我给它拍照，拍拍它的头，怎么不可以呢？"

孩子在这里的确表现出了一种新奇思维，但她将一道基于逻辑思维考查的连线题理解成了考查形象思维能力，这就是问题，当然得不到分数。这和"雪化了是春天""雪化了是水"的争论是一样的。答题语境决定了答题应有的思维、思路。所以当我们读实用文，绝不能当成文学类文本来阅读。同理，当我们读文学类文本，也绝不能当成实用文来读。文学类文本追求的是情感体验的"真"，而实用文追求的则是事实的"真"，各有不同的内涵。文学史上负有盛名的杨升庵也曾经犯过类似的错误。当他质疑杜牧"千里莺啼绿映红"，认为千里之外的莺啼谁能听到，绿映红谁能看到，其实就是用实用文的事实的"真"去要求文学创作中情感和体验的"真"。他忘了文学创作的夸张手法是再寻常不过的一种创作手段。由于文类意识不强，导致读法出现偏差，而读法偏差最终带来了结论的错误。

2. "个"的读法

"个"的读法体现的是某个特定作家或作品的独特读法。作为整本书阅读教学，可以从探究"类"的读法进一步到探究"个"的读法。比如，从"类"来讲，莫泊桑和欧·亨利都是19世纪末20世纪初批判现实主义短篇小说巨匠。但从"个"来讲，欧·亨利重"意料之外，情理之中"的结构艺术，而莫泊桑重"客观而无动于衷"的叙事艺术。又比如，《草房子》和《城南旧事》都是成长小说。但我们又能发现两者有很大不同：我们读《草房子》，会自觉地当作小说来读，而读《城南旧事》则很容易当作散文来读。什么原因呢？其一，两者的叙述视角不一样，语言风格也很不同。其二，《草房子》是纯粹虚构的故事情节，但《城南旧事》有很强的自传体性质，小说所描写的故事很多是作者的童年旧事，自然读来有散文的感觉，也理应在小说之外读出一些叙事者的情感世界来。此外，两者的故事发生背景和环境也很不同。这些都是我们在设计具体的名著阅读方法的时候要考虑到的。

"个"的读法也鼓励学生根据自己的阅读经验、阅读趣味有取舍地读，当然学生的阅读趣味同时也需要教师加以引导，避免出现阅读的低级趣味。苏轼所说的"书富如入海，百货皆有，人之精力，不能兼收尽取，但得其所欲求者尔"也是此理。鲁迅说一部《红楼梦》"单是命意，就因读者的眼光而有种种：经学家看见《易》，道学家看见淫，才子看见缠绵，革命家看见排满，流言家看见宫闱秘事"（《鲁迅全集·集外集拾遗补编·〈绛洞花主〉小引》）。可见，每个人心里都有一部不同的《红楼梦》。胡适是新红学的奠基人，曾从作者、版本、时代三个方面对《红楼梦》进行考证，得出《红楼梦》是曹雪芹"将真事隐去"的自传结论。这是一个学者的阅读视角。

三、指向"读法"学习的主要教学路径

（一）"读法"属于什么知识？

布鲁姆教育目标分类系统关于认知目标的两个维度：一是知识维度，分别为事实性知识、概念性知识、程序性知识和元认知知识。二是认知过程维度，分为记忆、理解、应用、分析、评价、创造等六个阶段。这个维度的划分主要帮助教师明确学生掌握和应用知识的不同阶段。"程序性知识"被定义为关于"如何做"的知识。因此，"读法"属于程序性知识。

（二）读法不同意味着整本书阅读层次的差异

根据阅读方法、阅读层次的差异，有老师将阅读分为蚂蚁式阅读、蜘蛛式阅读和蜜蜂式阅读。最浅表的阅读我们叫作蚂蚁式阅读，这种读法是跑马观花式阅读，是浅层次阅读，甚至是一目十行地读，只了解了一些行文大意，只记住了个别人物，只留下了一点阅读痕迹。随着时间的推移，阅读所获会很快消失殆尽。蜘蛛式阅读，指的是有明确的阅读目标和正确阅读方法指引的系统性阅读，犹如蜘蛛结网，有着整体的计划和安排。中小学整本书阅读首先要努力的方向，就是实现这种蜘蛛式阅读。以阅读任务为导向，以阅读方法为路径，制订必要的阅读计划，安排充分的阅读过程，提供必要的阅读对话机会，制定并实施合理的阅读评价细则。蜜蜂式阅读是整本书阅读的最高境界，指的是有独特认知的创造性阅读，阅读者能够根据自身需要去选择性阅读。中小学整本书阅读既要引导学生理解阅读对象，又要鼓励学生读得进去、走得出来，能够自由表达、大胆评价，读出个性。

（三）"读法"学习的主要步骤

程序性知识的认知过程主要涉及记忆、应用和评价三个阶段，因此，"读法"学习必然包含记忆、应用和评价等认知阶段。具体讲，主要有如下五个步骤：精讲读法要点；范例操作；试用；反馈修改；迁移应用。其中"试用"是关键。"离开了学生对读法的试用，教师对读法试用情况的反馈评价，我们之谓读法的指导可能最后会流之为概念性知识的留痕，不能帮助学生形成不同文本类型的阅读图式。"我们且以2019年成都市小学语文课外阅读优质课竞赛活动中的一堂课为例。该课是《城南旧事》整本书阅读交流，主要围绕如何通过阅读把握人物命运展开。教师先讲解该书读法：第一步：提取信息，梳理命运节点；第二步：关联命运，画情感曲线图；第三步：整合信息，分析人物最终的命运。接着教师将"研究《我们看海去》中小偷的命运"作为读法示例，引导同学们小组内完成任务并交流展示、修改完善。有了这个成功的读法体验后，教师进一步提出迁移应用的要求："在《惠安馆传奇》中秀贞的命运怎样？《驴打滚》中宋妈的命运如何？《爸爸的花儿落了》中爸爸的命运又是怎样的？请同学们根据刚才的学习方法自己选择一个人物来研究他（她）的命运。"

（四）指向"读法"学习的三种基本课型（三个基本环节）

一般而言，整本书阅读是不适宜课程化的。整本书阅读本质上是语文实践活动，是用课内习得的阅读方法去指导课外的"实战"。2022版《义务教育语文课程标准》谈到整本书阅读的目标时要求："本学习任务群旨在引导学生在语文实践活动中，根据阅读目的和兴趣选择合适的图书，制订阅读计划，综合运用多种方法阅读整本书；借助多种方式分享阅读心得，交流研讨阅读中的问题，积累整本书阅读经验，养成良好的阅读习惯，提高整体认知能力，丰富精神世界。"这就表明：第一，整本书阅读的性质，是学生的课外语文实践活动，而非课内的一种学习方式和学习内容；第二，整本书阅读的目标，在于帮助学生形成健康的阅读品位，多样的、正确的阅读方法并能分享交流阅读体会、阅读心得。所以，整本书的阅读活动，不应该主要在课内完成，课内也很难提供条件让学生自主阅读，但是课堂上教师应该对学生的整本书阅读实践提供必要的方法引导、交流平台。这就产生了指向"读法"学习的三种基本课型（三个基本环节）：导读课、交流课和展示课。

1. 导读课

结合教材的阅读策略提示，介绍读物基本面貌，示范基本读法，明确任务，激发兴趣。通常一课时即可。统编本教材每册的"名著导读"设计，就可以看作是教师围绕名著阅读任务进行读前指导的参考。以八年级上册的"《昆虫记》科普作品的阅读"为例，教材引用了法布尔、罗斯丹等名家对《昆虫记》的高度评价，简要介绍了《昆虫记》的基本内容和取得的主要成就，称其是"科学与文学完美结合的典范，无愧于'昆虫的史诗'之美誉，阅读这样美妙的经典是一场愉快的精神盛宴"，这就首先引起了学生阅读的兴趣。然后再做阅读方法的指导，明确了科普作品的文学特征，交代了阅读要领、注意事项。最后设计了三个具体的探究专题，明确了阅读活动的研读主题。

2. 交流课

根据导读课提示的阅读方法和布置的任务进行阅读交流，强化方法意识，达成对作品的基本理解。至少两课时，每课时体现一定的交流主题。

3. 展示课

内容上呈现独特的阅读发现、阅读收获；形式上尊重学生兴趣，灵活创新。通常一课时即可。

需要特别指出的是，交流课与展示课各有侧重。交流课是基于对文本的理解而做的阅读分享，强调正确性、准确性、强调阅读共性；展示课则强调读深、读透，通过阅读学生是否有了新发现、新认识。交流课求同，展示课求异，这是两种不同层次的阅读能力。不少教师将交流课与展示课加以融合、综合实施也是可以的。一部名著的研读，通常教师需要对这三种课型都有设计和安排，这样才能确保整本书阅读是有思维深度的。

四、阅读任务单设计

在一定读法指引下，教师要针对文类特点和文本特色提出必要的阅读任务，设计有价值的问题，促进学生深入理解、深度阅读，促进学生语言和思维能力的发展。与此同时，教师在设计任务单的时候，一定要基于学生的阅读立场，结合学生的年龄特点、心理特征和认知水平来提问，以保证激发学生阅读和探究的动力。

（一）任务单设计的要领

阅读任务单的设计，有三个要领：

其一，活动目标清晰。要站在儿童读者的立场，能够理解这种学习活动按照怎样的目标展开，对于学习者意味着什么是重要的。在意义不能理解的活动中，学习者是不可能倾注力量的。这跟课堂教学要求教师清晰传递学习目标、明确学习任务是一个道理。

其二，活动本身有趣。有研究表明，对于问题的理解，"越是感兴趣的人，越是能够生成高质量的归纳"。同时，"趣味性"也会积极地影响阅读。即便是容易理解的活动中，倘若活动本身没有趣味，活动是持续不了的。这种趣味性，不是指游戏那样的趣味，而是指活动中内在地隐含的课题本身所拥有的结构性的东西。既有产生新知的趣味性，又有其他问题解决的趣味性。总之，是一种内在的趣味性。比如《水浒传》的阅读，为了帮助学生深入理解梁山好汉的英雄故事和形象特征，教师巧妙设计了以下活动：假如让你们帮扈三娘挑夫婿，你们会选矮脚虎王英吗？这就自然引起了学生对跟扈三娘有关系的一群英雄好汉如豹子头林冲、小李广花荣、浪子燕青等的关注和讨论。有的老师为了让学生对《红楼梦》中金陵十二钗有全面深入的认识，设计了以下活动：假如要由金陵十二钗组建一支女子足球队伍，谁适合做教练？谁可当前锋？其他中场人员、后卫队员以及门卫你又如何安排？请结合你对这些形象的认识做出判断。一位教师这样设计整本书阅读任务：亲爱的初一5班的同学们，10月31日举行《青铜葵花》读书交流会。现主办方特向你们发出邀请，敬请各位成员准时参加会议，并圆满完成任务。交流会将评出大奖，希望你认真阅读，预祝夺得大奖。有老师为《四世同堂》设计阅读任务：如果小羊圈胡同的人们要建"群"，哪些人会在一个群里，他们会给自己的群拟什么名字？

其三，隐含认知冲突。趣味性是阅读活动的重要因素，但仅凭这一点还形成不了学习。钟启泉讲："学习得以形成的最大要素是隐含着认知冲突。"我们经常讲，教师的课堂教学准备需要备好两头：一堂课的起点在哪？终点在哪？整本书阅读亦不例外。教师在设计阅读任务单的时候，需要以学生现有的阅读基础、人生经验为起点，思考通过阅读活动准备让学生形成怎样的新的阅读体验和人生经验。只有阅读任务、阅读活动符合学生的认知水平并高于其认知基础，阅读活动才能积极推进。

（二）阅读任务单的设计内容

一般而言，阅读任务单的设计内容，应该包含以下几个视角：关于语言的学习与交流；关于情节内容的理解与交流；关于形象的理解与交流；关于环境（自然、社会）的理解与交流；关于价值认识的理解与交流。我们以林海英《城南旧事》为例，围绕以上五个视角，可以分别设计以下任务。

任务一：将你喜欢的（打动你的）描写摘抄下来并分享。教师当先行示范，特别是要引导学生学会如何在字里行间读出文本丰富的意蕴。比如："我把鼻子顶着金鱼缸向里看，金鱼一边游一边嘴巴一张一张地在喝水，我的嘴也不由得一张一张地在学鱼喝水。有时候金鱼游到我的面前来，隔着一层玻璃，我和鱼鼻子顶牛儿啦！"这句话之所以打动人，是因为写得十分逼真传神，将"我"的童真童趣写活了。又如："宋妈高兴得抱起燕燕，放在她的膝盖上。膝盖头颠呀颠的，她唱起她的歌：'鸡蛋鸡蛋壳壳儿，里头坐个哥哥儿，哥哥出来卖菜，里头坐个奶奶；奶奶出来烧香，里头坐个姑娘，姑娘出来点灯，烧了鼻子眼睛！'"宋妈的童谣，让我们深切感受到宋妈对自己的一对亲生儿女的无比牵挂。她的童谣里满是她对母子相聚的渴望，她仿佛已经沉浸在亲人相聚的幸福中了。同时我们也读出了生活的万般艰辛，宋妈为了养家糊口，骨肉分离，数年间不得一见。我们还读出了宋妈悲惨的命运，尽管她勤劳朴实、一心持家，最终一双儿女竟然一死一送，永无再见之时，宋妈此刻的幸福，竟是水中月、镜中花，空欢喜了一场，令人唏嘘不已。类似的极富表现力的语言描写可谓信手拈来，值得学生细细品读。

以上是关于语言的学习与交流。

任务二：你能说说这些人和小英子之间发生的故事吗？小偷、秀贞、爸爸、兰姨娘、妞儿、宋妈。

这是关于小说的故事和情节的理解和交流。

任务三：小英子以及小偷、秀贞、兰姨娘、宋妈、爸爸这几个身边人物，谁让你印象最深刻？为什么？

这是对小说人物形象的理解与交流，同时也鼓励学生通过这个任务实现自主评价、个性化阅读。

任务四：聚焦老北京生活，认识小说中的"老北京"。如老北京的用品、地名、语言、职业、穿着打扮等（可采用小组出题并相互竞猜的方式实现），从而了解20世纪20年代北京的风土人情，进一步体会小说中流露出的怀旧思乡情绪。

这是对小说的社会环境描写的理解与交流。

我们再看一位教师关于《惠安馆》的阅读任务单设计：

问题一：读了《惠安馆》以后，假如你要向爸爸妈妈推荐阅读《惠安馆》，你会怎么讲呢？（该任务设计巧妙，将情节内容的阅读任务巧妙地转化为一个有目的、有对象的阅读推荐活动。）

问题二：《惠安馆》里写到的小英子、妞儿（小桂子）、疯女人秀贞，你想和她们交朋友吗？为什么？（该任务设计同样高明。任务目的是把握人物形象，却引导读者想象这些人物形象就是你的生活中一个个鲜活的生命个体，从而拉近了读者与人物形象之间的距离，激发了阅读的动力。）

问题三：在读《惠安馆》的时候，有没有一些事情让你读着读着就想笑、想哭、想生气或者很发愁的时候？把它找出来一起分享。（该任务旨在引导学生认真阅读、深入阅读，要重视理解围绕人物形象刻画所描述的一个个情节。）

问题四：小说最后写小英子雨夜帮助秀贞和妞儿出逃时写到："我们轻手轻脚的走出去，外面的雨小些了，我最后一个出来，顺手又把窗台上的那瓶吊死鬼拿在手里。"为什么小英子关键时候还不忘拿上那瓶吊死鬼呢？（该任务同样旨在引导学生仔细阅读，要善于发现细节描写的价值。）

问题五：你读了《惠安馆》以后，还有什么不明白的地方吗？找出来，大家讨论一下。（这是鼓励学生发现自主阅读中的障碍、难点，准备带着问题上交流课、展示课，以期通过同学之间的努力，最终解决问题。）

再看科幻小说《海底两万里》名著阅读任务单：

活动一：感受"奇幻"

观看电影片段，并写出观影感受。

（先引导学生对阅读对象有感性层面的认识，产生对科幻小说的阅读动力）

活动二：寻"奇"之旅

根据全书内容，分小组开展主题探究，各小组用不同方式呈现探究结果。

主题名称：

（1）最"奇异"的海底生物

（2）最"奇丽"的海底风光

（3）最"奇特"的海底美食

（4）最"神奇"的海洋知识（引导学生关注科幻小说不同于一般小说的环境描写。）

活动三：评价神奇人物

点评文中四个人物。

（引导学生关注小说的人物形象。）

活动四：神奇结局大猜想

猜想科幻小说的结局，并说说你的理由。

活动五：神奇故事大辩论

对尼摩船长击沉战舰一事展开辩论（正方：尼摩船长应该击沉战舰/反方：尼摩船长不应该击沉战舰。）你支持正方，还是反方？撰写一篇辩论稿。

（活动四和活动五引导学生基于该小说的离奇故事情节，结合科幻小说的文类特征，合理想象结局，激发学生强烈的科学幻想。）

在设计阅读任务单时，若能跳出阅读行为看阅读，跳出阅读要求提要求，体现出更高的认知视角、更灵活的任务形式、更接近学生的生活底色，则很容易产生耳目一新之感，收到出其不意的效果，这也是我们在设计任务的时候要思考的。比如有老师为《苏东坡传》设计整本书阅读的任务单：

画出苏东坡的"人生地图"；

为苏东坡纪念馆选址并陈述理由；

为苏东坡纪念馆设计展厅并撰写前言；

为苏东坡纪念馆设计雕塑；

为纪念馆的大门撰写对联。

这些任务看上去没有一个是直接与《苏东坡传》的阅读有关的要求，但要完成好这里的每一个任务，都需要基于一个前提：对文本的透彻的阅读与理解。以第二个任务为例：苏轼一生足迹遍天下，其人生中的重要场所，除了蜀中眉山老家，还有京城开封、浙江杭州、湖北黄州、广东惠州、海南儋州等众多地区。事实上只要苏东坡足迹所至，一定都有关于这位大文豪的众多传说。纪念馆选址何处，是一个难题，需要学生进行反复的论证和比较。苏轼自己讲："问汝平生功业，黄州惠州儋州。"苏轼为何有此总结？纪念馆是依据苏轼的意向选址，还是根据我们的阅读认识另行选址？这些问题的解决都有赖于对文本的深入研读，以确定在这些备选地区，苏轼迎来了其人生中怎样的重大事件，取得了怎样的突出成就。这就是高明的任务设计。

五、整本书阅读教学评价

整本书阅读最后一个重要环节就是阅读评价。这是保证阅读活动能够顺利开展并取得实效的有力保障。阅读评价基于学生的阅读交流和展示。在阅读交流和阅读展示课上，阅读评价同步跟进，当然教师需要提前设计阅读评价量表。阅读评价主体要多元化，评价不是教师对学生的单向评价，评价主体应是教师和全班同学。评价要坚持两个基本原则：第一，以任务单的达成情况为基本评价依据。整本书阅读是以阅读任务单为引领的，任务单既是方向，又是目标；既是阅读活动的起点，又是阅读活动的终点。评价阅读活动的成效，首先就看任务达成是否符合预期。第二，要以独特的阅读体验为发展性评价依据。能从文本内容、语言特色、艺术手法、环境描写等方面全面理解作品仅仅是第一步。能对作品做出自己的价值判断才最可贵。因此，评价整本书阅读成效，理应重视是否体现了学生的阅读个性。钟启泉讲："从儿童阅读素养看，需要更广泛的知识获取的环境脉络，即不满足于'接受性阅读'，而是挑战'批判性阅读'，因此教师的阅读指导应当着眼于批判性阅读能力'的形成。"

为了全面准确地对学生的阅读表现加以评定，教师所设计的评价量表，应该包括以下方面：

1.表现性评价。如阅读习惯、兴趣、进程、策略与方法等。

2.及时性评价。这指的是课堂交流与讨论的情况。

3.展示性评价。包括学生的阅读笔记、勾画、圈点、表演、书评、读后感、读书随想、思维导图、人物画及其他创意行为等。

4.检测性评价。包括信息提取、整合推论、问题探究、创意写作等。

当然，评价的形式要能够对学生形成吸引力。教师一开始就要跟学生明确可以让他们产生期盼的评价方式，这样学生就可以更加积极主动地开展阅读活动了。比如某教师设计的《青铜葵花》交流展示课，拟对学生的表现评奖，分别设置了最佳推荐语奖、最佳表现奖、最佳组织奖、最有创意奖。以奖代评，形成良性竞争氛围。

阅读评价要真正发挥作用，必须对评价的内涵有深刻理解。兰州市七里河区七里河小学有一个主张：让评价成为亲近学生的教育。评价不仅仅是对学生学习效果的考核，也是学生实现自我认识的一个有效渠道。在教师的引导下，学生围绕整本书阅读，撰写阅读心得、随笔、评论文章，甚至是撰写学术性论文，然后通过多种方式争取更大范围的阅读分享、阅读交流，实现阅读效益的最大化。有论者主张，"写"是评判"读"的水平的最佳形式，读写二者缺一不可。整本书阅读教学的研究，其价值内涵更应立足于写作，以实现

"深读"文本的目的。

整本书阅读看上去是对学生阅读素养的训练，但其实也是对语文教师的教学素养和阅读素养提出了更高的要求。"开展整本书阅读教学，教师首先应该是整本书阅读的阅读建构者。如果教师自身不做深度阅读，哪来底气做学生阅读的推动者？更何谈问题设计、活动活动安排的过程实施？"学生整本书阅读质量的高低，在一定意义上是教师整本书阅读质量在学生身上的反映。只有教师读透了作品，才能提炼有价值的阅读任务，做好阅读活动的顶层设计；只有教师读出了别人没有发现的作品价值，才能引导学生去做类似的阅读探险；只有教师教学艺术高明，才能将功利性的阅读目标转化为学生乐于参与的阅读行动。整本书阅读对教学最大的挑战，不仅体现在学生阅读面宽了广了，而是要求教师阅读细了深了。如果教师不能读细读深读透，很可能会失去课堂主导权，学生阅读放任自流，最后导致整本书阅读像过去一样沦为课外阅读。

总之，整本书阅读的全部要领在于：第一步，教师研读文本。通过对文本的研读，明确文类特征，发现文本阅读价值。第二步，设计阅读任务单，确定师生共同努力的方向。阅读任务单要体现读法引导，体现文类特征与文本价值；任务单需明确具体、有可操作性；任务单应基于儿童立场，注重趣味性，形成认知冲突。第三步，基于任务的达成，进行交流分享。第四步，做好总结评价工作，为师生的阅读活动、阅读表现画上圆满句号的同时也为师生下一次更有意义的整本书阅读活动指明前进的方向。

第二节　课堂阅读教学评价体系的构建

评价具有导向功能，所以很多人都将评价看成是"指挥棒"。实际上，如果教师能够使用科学的评价标准与评价方法，就可以取得良好的教学效果，这更有利于实现教学目的。那么，初中语文阅读教学应该如何构建科学、合理的评价体系呢？

一、阅读评价的基本理论

阅读评价是语文教学，尤其是阅读教学的重要组成部分，它能够对阅读的教学环节的各个信息提供反馈，从而帮助学生更好地阅读文本，由此提高教学效率。

（一）阅读评价的概念与意义

《现代汉语词典》（第7版）中对评价的定义是"评定价值的高低"，也就是对客观事物的价值进行判断。高凌飚在《关于过程性评价的思考》中指出："评价的本质是对事物和过程的价值或质量做出判断、决定或计算，它是一种对客体满足主体需要程度的判断。"评价是需要根据一定的价值标准来进行的。因此，在展开评价之前，教师就必须选择一种或多种判断标准。阅读评价就是将评价运用于阅读教学活动中，根据阅读教学的目标、过程、内容、方法以及阅读能力、态度、情感、价值观等，进行科学、合理的价值判断，它是检验阅读教学成果的重要手段。

在阅读教学中构建科学的评价体系，有着以下两方面十分重要的意义。

1. 阅读评价能够为学生的发展指明方向

从世界各国的课程改革发展趋势来看，评价的功能和评价的技术都发生了本质的变革。评价不单单是为了甄别与选拔学生，更重要的是为了促进学生的个性、潜能、创造的发展，使每个学生在学习中充满自信，并且具备可持续性的学习能力。阅读评价的目的并不是为了给学生的阅读学习结果进行评价，简单地给出一个分数或者是一个等级，而是为了帮助学生诊断他们在阅读过程中所出现的问题，从而使学生自觉调整自己的阅读行为，包括阅读进度、阅读方法等。学生也可以在评价中了解自己的阅读现状，明确学习方向，从而进行有效的阅读学习。

2. 阅读评价能够促进教师教学观念发生转变

在《基础教育课程改革纲要（试行）》《初中语文新课程标准》等文件的指导下，对学生的阅读能力进行科学的评价形成了新的评价观念。这些观念影响着教师的教学行为，为学生的发展提供了更广阔的空间，促进了学生的阅读从课内走向课外，增加了学科之间的沟通与交流。不仅如此，这些新的评价观念还促进了知识与能力、过程与方法、情感态度与价值观三维目标的有效整合。在阅读教学过程中适当地利用评价，可以优化阅读教学质量。如果离开了阅读评价，教师就无法准确定位阅读的起点，也无法对阅读教学做出科学的安排，更无法对学生的学习效果做出客观的判断。

（二）阅读评价的特点

阅读评价是语文教育评价的重要组成部分，因此，它具有语文评价的一般特点。同时，阅读评价有着自身独特的特点。

1. 综合性

《全日制义务教育语文课程标准（实验稿）》中明确指出："阅读的评价要综合考查学生阅读过程中的感受、体验和理解，要关注其阅读兴趣与价值取向、阅读方法与习惯，也要关注其阅读面和阅读量以及选择阅读材料的能力。应重视对学生多角度、有创意的阅读评价。"在过去的阅读教学中，教师习惯将结构严密的文本拆成碎片，或者是将阅读教学作为语文基础知识教学的载体，完全忘记了阅读教学的基本任务。因此，阅读评价教学的综合性包括以下两个层面的内容：第一，学生阅读过程中的感受、体验、理解和价值取向；第二，阅读的兴趣、方法与习惯以及阅读材料的选择和阅读量。尤其是第二层面的内容是全新的评价内容，需要教师对其进行新的发现和探索。

2. 灵活性

学生的阅读兴趣、阅读方法、阅读习惯等都是动态的，具有鲜明的个性特点，但是价值取向不是单一的、线性的。大部分的学生经过长期的阅读之后都形成了属于自己的阅读兴趣、方法、习惯，每个人都是不一样的，不能说哪个学生的更好，也不能说哪个学生的不好。学生在阅读过程中所表现出来的学习态度、情感、价值观也不能用统一标准进行衡量。因此，阅读评价的标准比较模糊，也比较灵活。不管是什么样的评价方法，都需要通过学生阅读素质的高低来衡量，这也是最具有说服力的。因此，在评价学生的阅读兴趣、方法的时候，教师一定要结合每个学生的特点，切忌"一刀切"。

3. 整体性

阅读评价具有整体性，主要可以从以下三个方面进行解释。

第一，从内容上来看，阅读是一个整体。因此，评价阅读的内容应该包括朗读、默读、精读、略读等阅读方式的评价，也要包括对文学作品及古诗文阅读内容进行的评价等。

第二，从评价的领域上来看，阅读评价的范围并没有局限在阅读知识与能力上，还包括阅读的过程与方法和情感态度与价值观。

第三，从单项内容上来看，即使是阅读评价中某个单项能力的评价也涉及很多方面。例如，阅读能力包括语言积累、文章理解、中心把握、阅读速度。

总之，阅读评价是一个十分复杂的系统，缺失任何一个方面，都不能算作一个完整的评价系统。

（三）阅读评价的原则

《现代汉语词典》（第7版）中指出："原则是说话或形式所依据的法则或标准。"一般来说，原则是人们观察、处理问题的准绳，是从客观事物的本质中衍生出来的，供人们在实践中遵循的规则。阅读评价的原则就是根据阅读教学的目标与教学活动提出的一些基本规则与要求，是教学实践经验的总结，也是人们对阅读教学内在规律的总结与认识。

阅读教学除了要遵循教育领域的评价准则以外，还要遵循阅读评价中的基本标准。

1. 坚持评价内容与领域的全息性

全息性也就是全面性，是指教育评价要反映教育、教学活动的全部信息，全面、全员、全程采集和利用与教育有关系的各种信息，强调的是评价的整体性与全面性。

（1）评价的内容要全面。

阅读教学的内容十分繁多，这也决定着阅读教学的评价亦十分广泛。《全日制义务教育语文课程标准（实验稿）》中明确指出："要对朗读、默读进行评价，对精读进行评价，对略读、浏览进行评价，对文学作品阅读与古诗文阅读进行评价"，并且在不同的学段，学生的阅读目标与阅读内容也是不一样的，所以一定要注意阅读评价的全面性。

（2）评价的领域要全面。

《全日制义务教育语文课程标准（实验稿）》中的课程目标，是从知识与能力、过程与方法及情感态度与价值观三个维度进行设计的。这三个维度相互渗透，对于提高学生的语文素养十分有益。在初中三年的阅读教育中，学生的阅读能力是螺旋上升的，最终全面达到课程目标的要求。所以，在阅读评价中，教师不应该只关注学生的阅读知识与阅读能力，而是要进行全面评价。也就是说，要想完成阅读教学的目标，不仅要评价学生的阅读学习结果，还要对产生这个结果的多个因素进行动态评价。巢宗祺指出："阅读评价既要看到学生阅读知识的掌握和智力发展的一面，也要看到他们在动机、兴趣、情感、态度、意志、性格等非智力因素上发展的一面。"

2. 明确评价目的的可行性

《全日制义务教育语文课程标准（实验稿）》中指出："阅读的评价，要综合考查学生在阅读过程中的感受、体验和理解，要关注其阅读兴趣与价值取向、阅读方法与习惯，也要关注其阅读面和阅读量以及选择阅读材料的能力。重视对学生多角度、有创意阅读的评价。语文知识的学习重在运用，其概念不作为考试内容。"由此可以看到，阅读评价的目的是为了更好地促进学生阅读素质与语文素养的提高，这才是阅读评价的目的与依据。

3. 坚持评价标准的层次化

我们知道，学习的目标、内容都是学习评价的标准与载体，在不同的学习阶段都有着不同的学习目标与内容，那么阅读评价标准自然也要体现层次性。《全日制义务教育语文课程标准（实验稿）》中写道："按照不同学段的课程目标，抓住关键，突出重点，采用合适方式，提高评价效率。"阅读评价一定要根据不同学段的阅读学习目标划分为不同的等级，贯彻分阶段原则，促进学生更快、更好地完成各个学习子目标。

4. 坚持评价主体的多元化

《全日制义务教育语文课程标准（实验稿）》中指出："应注意将教师的评价、学生的自我评价及学生间的相互评价相结合。加强学生的自我评价和相互评价，促进学生主动学习，自我反思。""根据需要，可让学生家长、社区、专业人员等适当参与评价活动，争取社会对学生语言学习的更多关注和支持。"主体多元化原则是针对传统的评价主体单一的弊端提出的。传统的教师阅读评价忽视了学生的学习主体地位，导致了语文阅读教学评价功能的缺失和根本目的的错位。现代的学习评价主张评价主体的多元化，学生与教师都应该是评价的主体，这可以使评价结果更加客观与全面，能够充分发挥评价的发展功能，真正促进学生的进步与发展。

5. 坚持评价方式的过程化

《初中语文新课程标准》中指出："阅读是学生的个性化行为。教师在进行阅读教学时，应引导学生钻研文本，在主动积极的思维和情感活动中加深理解和体验，有所感悟和思考，受到情感熏陶，获得思想启迪，享受审美乐趣，要珍视学生独特的感受、体验和理解。"长期以来，考试一直是阅读评价最主要的方式。在评价学生的阅读能力时，教师只关注考试分数，从未考虑过程与方法，也谈不上对学生的情感态度与价值观进行评价。所以，教师必须要改变过于单一的评价方式，要根据阅读教学的评价内容与要求，采用多种评价方式，避免只看结果、不看过程的程序，准确评价学生在各个方面的发展。

6. 坚持评价效能的实用性

《全日制义务教育语文课程标准（实验稿）》中指出："能主动进行探究性学习，激发想象力和创造潜能，在实践中学习和运用语文""具有独立阅读的能力，学会运用多种阅读方法""能借助工具书阅读浅易文言文"。由此可见，新课程标准十分注重语文学习的实用性，强调知行统一、学用结合。因此，在阅读评价中，我们要体现这一特点，讲究评价的效能。

学生在一定的阅读实践学习之后，便会具备基本的阅读知识、阅读能力等，进而将其应用在新一轮的阅读活动中,从而不断检验与巩固自己的学习成果。所以,不管是课内阅读还是课外阅读都必须注重学用结合。这不仅仅是新课改的教学目标,也是阅读教学的初衷。从课本上学到的阅读知识与技能,只有在学生的阅读实践活动中才能够得以巩固与提高。在阅读教学中,教师要注意激发学生的阅读兴趣,注重阅读技能与理解能力的有效运用。

二、阅读教学评价的内容

《初中语文新课程标准》中指出:"语文课程评价要体现语文课程目标的整体性和综合性,全面考查学生的语文素养。应注意识字与写字、阅读、写作、口语交际和综合性学习五个方面的有机联系,注意知识与能力、过程与方法、情感态度与价值观的交融、整合,避免只从知识、技能方面进行评价。"那么,在阅读评价教学中,教师也要综合评价学生的阅读习惯、阅读态度、阅读思想情感与阅读能力等。

(一)评价学生的阅读习惯

习惯是指在一段很长的时间内逐渐养成的、一时不容易改变的行为、倾向。阅读习惯是学生在长期的阅读教学中所反映出来的比较稳定地完成自动化动作的心理倾向。阅读习惯是阅读学习品质的心理基础,包括课内与课外两个内容。课内阅读习惯主要包括课前运用多种方法进行预习的习惯,课堂边听边记笔记、边读边思考、质疑参与讨论、课后复习、总结、完成作业等习惯。课外阅读习惯主要包括学生是否热爱读书、是否会制订阅读计划、是否会选择阅读方法以及在阅读中是否会进行摘录与批注、是否会制作读书卡片,阅读内容是否广泛等。

(二)评价学生的阅读态度

良好的阅读态度是阅读的基本保障。好的阅读态度有助于提高阅读的自觉性,对于发展阅读能力、改善阅读品质、加深阅读理解、提高阅读速度等都有帮助。在评价学生的阅读态度时,教师可以从以下几个方面进行考虑:学生是否主动阅读;学生是否善于安排时间;学生是否做到惜时;学生是否有恒心。

1. 主动阅读

主动阅读是指具有强烈的阅读动机,不靠外力因素就能够自觉产生的阅读行为,在阅读过程中学生能够充分发挥自己的主体意识,并且进行积极的阅读认识、理解、鉴赏等思维活动。

2. 惜时阅读

惜时阅读就是要珍惜时间，合理、科学地安排阅读学习时间。在阅读中珍惜时间，是实现高效阅读的保证，也是阅读评价的主要内容。惜时阅读不仅能够给学生节省时间，还能够提高学生的阅读效率。在评价时，教师可以从以下两个方面进行考虑：第一，学生是否树立了科学的惜时观念；第二，学生是否讲究有效的惜时方法。

3. 长期阅读

长期阅读是指阅读的恒心，也就是坚持。阅读是长期而艰巨的任务，学生要想真正地提高阅读素养，就必须要有求学的恒心。如果缺乏恒心，便不可能取得良好的阅读效果。

4. 养成阅读

学生的学习素质及学习技能都是一种习惯，这是通过反复实践形成的。同样，学生的阅读素质与技能也能够在反复的阅读实践中养成。《初中语文新课程标准》中提出："养成读书看报、收藏图书资料的习惯，乐于与同学交流""养成默读习惯，有一定的速度，阅读一般的现代文每分钟不少于500字"。

（三）对阅读的思想情感进行评价

阅读教学过程应该是让学生产生愉悦的情绪与积极的情感。因此，学生在阅读学习中的情感就成了阅读教学的评价内容。

1. 健康阅读

从狭义上说，健康阅读指的就是在阅读学习时应做到用眼卫生、用脑卫生和心理卫生等。学生在阅读时需要注意以下四个方面。

第一，学生在阅读时要考虑阅读环境，如阅读环境中的光线。尽量在白天阅读，因为自然光是最佳的阅读光线。

第二，学生要注意保护眼睛，注意用眼休息。因为目不转睛地阅读会让学生的眼睛产生疲劳感，得不到必要的水分及血液供应。因此，学生要多做眨眼动作。

第三，学生要注意用脑卫生。健康的大脑是阅读的物质基础。因此，集中思考的时间不宜过长，注重劳逸结合，加强锻炼。

第四，要保持健康的身体与良好的情绪。健康的视力与脑力都来自健康的身体，持久的紧张与厌倦会让学生的眼睛变得呆滞，导致他们在阅读时常常会出现视力模糊及无法集中注意力等问题。

以上内容充分说明了学生的身体健康与良好的兴趣是保证视觉器官健康的重要条件，也是健康阅读的有力支持。

2. 信心阅读

信心阅读是一种积极的阅读心理品质，表现为阅读积极时的自主性，重视和信任自己的阅读能力。因此，信心阅读对提高学生的阅读心理有很大的促进作用。

3. 尊重阅读

尊重阅读有以下两层含义：一是指教师对学生的阅读评价要重视学生的个性化阅读；二是学生要尊重文本与作者。阅读是学生的个性化行为，他们对阅读文本的反映是独特的，学生的认知、个性、气质等导致他们的感悟是不一样的。不管怎样，学生都不能无视作者的思想与文本的主题。

4. 审美阅读

在阅读教学中，教师应该让学生在阅读中享受审美的乐趣，突出审美的价值。教师要积极倡导审美阅读方式，在阅读中享受审美乐趣。审美阅读是一种综合心理活动。从阅读目的来说，学生在感知阅读文本时主要依赖于逻辑思维，获得审美感受则依赖于形象思维。在审美阅读中，形象思维、抽象思维、灵感思维是并重的，各种心理因素需要共同发挥作用。

（四）对阅读能力进行评价

阅读能力是阅读教学的最关键部分，也是阅读评价的最主要内容。阅读评价可以从以下几个方面进行。

1. 认读能力

认读能力就是对文字信息做出迅速而准确的感知。学生要学会辨别字形，读准字音，理解字义。有一项统计证明："对于一般的政治、科技、文艺书刊，识得2 400字，识字率为99.0%；识得3 800字，识字率可达99.9%。"

2. 理解能力

理解能力是指在感知材料的基础上，学生利用自己的原有知识与生活经历，经过现象、联想、分析等思维活动，深刻了解阅读文本的思想内容与语言形式。理解能力是阅读的核心，是阅读能力的基本要求。

3. 吸收能力

吸收能力是指将阅读材料中对自己有用的信息储存在大脑中，在必要的时候进行再现、借鉴等。

4. 速读能力

阅读速度就是学生在单位时间内阅读材料的数量，是评判阅读能力的重要组成部分，也是阅读评价的重要指标。

5. 语感能力

语感能力是指学生迅速感知语言文字的能力，表现为在语境中理解词语，迅速把握文章内容，产生情感共鸣等。

6. 鉴赏能力

鉴赏能力是指学生对阅读材料的思想内容、表现形式、风格特点等进行鉴别，是学生在阅读中产生的审美感受。

7. 迁移能力

迁移能力是一种较高层次的阅读能力，是学生在理解与鉴赏的基础上，通过思辨与批判来完成阅读的行为，从而完成知识的迁移，如举一反三、触类旁通。

8. 创造能力

创造能力是层次最高的阅读能力，是指在阅读中有新的发现、对事物有新的看法或者是能够提出新的问题。

（五）对阅读方法进行评价

方法是关于解决思想、说话、行动等问题的门路、程序等。显然，阅读方法便是阅读中的门路、程序。如果学生能够掌握并运用科学的阅读方法，他们便能够进行独立阅读，获益匪浅。因此，评价学生的阅读方法成为阅读评价的重要组成部分。前文已经对阅读方法进行了具体的介绍，在此不再论述。

三、阅读评价的方式方法

对学生的阅读进行评价，以此来培养与提高他们的阅读能力十分重要。下面，笔者对阅读评价的方式方法展开探讨。

（一）阅读评价的方式

1. 学生自评

自评是学生对自己的学习情况所进行的评价，是学生对自己的阅读过程的自我调控，能够使其正视自己的阅读学习情况，以便及时调整与改进。在自评的基础上，学生也能够正确地对待他人的阅读学习。

2. 学生互评

学生互评就是让同一个班级内的学生进行互相评价。这种评价方式的优点在于同学之间都比较了解，他们的评价也比较贴近实际情况，较为中肯、客观。这种评价方式能够让学生取长补短，促进学生共同进步。

3. 教师点评

教师点评就是教师对学生的阅读进行评价，是十分普遍的评价方式。通常情况下，教师会根据教学大纲、教材内容等对学生进行点评，并且方式十分多样。例如，对学生进行与阅读活动有关的提问，对学生进行检查，对整个班级进行测试。

4. 家长参评

家长参评就是学生家长对学生的阅读活动进行评价，是一种定性评价。学生家长对自己子女的学习情况十分关心，特别是有一部分课外阅读是学生在家中完成的，这就需要家长参与阅读评价。

总之，阅读评价方式要突出学生的自评，教师要相信每个学生都具备自评的能力，相信他们能够客观、公正地评价自己的阅读状态，也相信他们能够客观地看待他人。

（二）阅读评价的方法

根据不同的标准，阅读评价的方法也不尽相同。

1. 单项评价与综合评价

单项评价能够考查学生的阅读素养与能力，教师可以根据课程目标的阶段要求对学生进行单项评价。例如，教师可以将阅读能力的各个能力组成部分进行单项评价。

综合评价是指教师应该对学生的阅读整体素质进行评价，综合考虑学生阅读的各个要素，从整体的层面进行评价。

2. 定性评价与定量评价

定量评价是指教师根据学生课内和课外的阅读数量、阅读速度、在阅读上花费的时间等进行的定量评价。这种评价方法既有口试，也有笔试，可供学生选择。例如，在考查学生的朗读能力时，教师可以使用朗诵的方式进行考核。

定性评价是对学生的阅读过程进行评价，包括学生的考试结果、阅读训练、阅读的积极性等进行综合分析。定性评价能够帮助学生正视自己的进步与退步，使学生在享受成功的同时，能够保持虚心求教的心态。

《初中语文新课程标准》中明确指出："要坚持定性评价与定量评价相结合，全面反映学生语文学习的状态及水平。"

3. 形成性评价与终结性评价

阅读能力是在学生的学习过程中形成并发展起来的。因此，阅读评价应该关注学生阅读能力的形成过程，关注学生的阅读兴趣与潜能等。在实际的教学活动中，教师一定要注意观察并记录学生的阅读过程和成长，全方位考查学生的阅读水平，客观地分析学生阅读能力的形成与发展。

终结性评价包括期中评价、学期评价、学年评价、学段评价。这是对学生在某一时期所形成的阅读能力进行评价，也是另一轮形成性评价的基础。《初中语文新课程标准》中指出："形成性评价关注学习过程，有利于及时揭示问题、及时反馈、及时改进教与学活动。终结性评价关注学习结果，有利于对教学活动做出总结性的结论。形成性评价和终结性评价都是必要的。"

因此，教师要利用多种评价方法综合、全面、细致地考查学生的阅读能力，构建出一个合理的阅读评价体系。

第七章

初中学生语文阅读能力的提升策略

第一节 学生阅读能力培养的基本途径

阅读能力培养基本途径有课堂教学与课外学习两种。改革课堂教学、提高课堂教学效率是培养阅读能力的主要途径。

基础教育阶段，课堂教学是学生学习语文、培养语文能力的主要途径，这是毋庸置疑的。其中，阅读教学课时之多、学生投入阅读的时间和精力之多，都在其他学科之上。但是，学生的实际阅读水平和投入并不成正比，阅读的兴趣也随着年级升高而逐渐减弱。一所中学做了一次调查，统计数据显示，学生最不喜欢的学科是语文。课堂教学效率最低的是阅读教学课。这种现象引起了社会的极大关注，改革语文教学、提高语文能力的呼声越来越高。报纸杂志发表言论，电视、电台组织讨论，街头巷尾议论纷纷。其实，呼声最高的是来自学生群体。课堂上学生无精打采、沉默寡言是强烈的呼声。只不过，由于旧有观念对学生的漠视，对学生——这个最该被关注的群体的呼声没有引起应有的重视。说到底，语文教师也不满意这种现象。语文教师责任心强、工作认真，面对如此尴尬的局面也着急，也思考，也探索。老师们频频参加培训，到处去观摩优秀教师示范课，辅导资料买了一摞又一摞，可是效果不佳。改革之路在何方？

"新基础教育"研究使老师们找到了语文教学改革的方向。"新基础教育"理念、思维方式使老师们觉醒；"新基础教育"主动、探索的精神使老师们意识到，改革之路就在自己脚下;"新基础教育"语文学科的改革思路、成效坚定了老师们的信心。原来,语文教材可以这样处理,原来阅读课可以这样上,学生在课堂上能如此充满活力。当一名语文教师可以成为一种享受。在"新基础教育"理论学习和行为转化实践中,老师们认识如下。

一、课堂教学活动是一种生命活动

课堂教学活动是师生一种特殊形式的生命活动,是师生人生中一段重要的生命历程。这种课堂生活是积极的、和谐的,充满生长气息的,有一定流程、节奏。

教师是课堂生活中的指导者、组织者、责任者,要研究教学内容、研究学生,精心设计活动流程、方法、策略。学生在课堂中是主动积极的学习者、研究者、赏析者、阐述者。师生都是课堂生活中的主体,在民主、平等、和谐的课堂内积极交流、互动,学生成长着,教师也得到发展。他们不再是主导和被动的关系。教师不再只是传授知识、训练技能,学生不再只是为接受知识、接受训练在课堂内生活着。

课堂生活的内容是丰富的、有节奏的。流程由几个基本、连贯的系列组成:有向开放—交互反馈—集聚生成。流程和诸多因素结合成一个整体,充满整体性、综合性、生长性。

学生体验着成长的快乐,老师享受着教学的欢乐,"新基础教育"理念焕发了师生生命活力。

二、要破旧观念,立新思想

我国阅读教学受传统教学和国外教学影响颇深,残留不少旧观念、旧思想。这种旧观念、旧思想已经不适应时代发展,甚至阻碍了学生主动健康发展。在"新基础教育"研究中,老师们认识到破旧观念、立新思想已势在必行。

(一)破阅读技能训练观,立阅读策略教学观

100多年来,我国阅读教学观发生过多次变化。20世纪初、中期,受"刺激-反应"观影响,认为学习是反应的增强,教师是奖惩的实施者,学生是奖惩的接受者,是被动学习者。后来,认为阅读是一种能力,能力分解为若干技能,教学中把一个个技能交给学生,学生就能形成能力。阅读能力等于诸多技能相加。这种观点仍然把阅读者看成是被动接受者。

初中语文阅读能力培养的研究

20世纪六七十年代，根据认知、元认知理论，形成阅读理解认知观，强调阅读的理解建构特征以及交互特征，即读者运用头脑中已具有的知识，结合所阅读文章给提供的线索以及实际阅读情境来建构文章意义。这种阅读观包括两个重要的因素：第一，读者阅读文章时，已经具有与理解文章有关的多种知识。如与文章内容有关的社会知识、自然知识；与文章结构、表达有关的某些文学知识等。第二，阅读过程中，读者能运用已有的某些策略知识帮助自己理解文章内容，如关于词语、句式、段落、结构的知识。如初步感知到深入理解的阅读程序知识等。

与阅读技能训练观相比，这种阅读观（有人称为阅读策略教学观）有如下优点：第一，读者是主动学习者。学习某项知识时，学习者已具有一定知识、经验，他们以这些知识和经验为生长点，建构新知识的意义。因此，这个过程不是被动地被告之、被传授的过程，是学习主体主动建构的过程。第二，知识建构过程是原有知识和新信息的整合、同化的过程，不是简单的相加、累加的过程，具有整体性、积淀性。这种阅读观主张根据不同阅读要求灵活运用策略，而不是死记策略步骤。这种阅读观要求学生积极参与对策略的评价、调整，具有元认知意识。

几十年来，我国语文教学在多次改革中也生成过一些新的理念，取得一些成功经验，但从全局看，仍然受着"刺激-反应"和"阅读技能训练"观的影响，大多数学生仍然处在被动学习记忆、被动反复操练状态，没有策略意识，更不会在阅读过程中运用策略评价自己的阅读行为。

学习是一个有目的、有步骤的认知行为，不仅要知其然，还要知其所以然。若要提高阅读能力，就要知道什么叫阅读能力？提高阅读能力需要哪些知识、策略？这些知识在阅读能力形成中起什么作用？如何掌握和运用这些知识、策略？也就是要认识到这样做的目的、步骤、方法、条件，才能成为具有策略思想的主动学习者和运用者。

但是阅读策略是阅读主体内在的认知活动，他人无法观察到。教师如果缺少教育心理学理论，就不会自觉在教学中运用教育心理学理论，教学中只能说：大家开动脑筋、发挥想象力，谁能说得更简洁或者说这位同学回答得很好等，只停留在概念、抽象层面，不会具体说明，也不能引导学生讨论研究怎么动脑筋，如何发挥想象力，好在哪里，为什么好。学生只能靠自己猜测、暗中摸索。而大多数学生是摸索不出规律来的，即使有少数学生能摸索出一些经验来，也不能在交流中丰富、完善，不能把个人的经验转化为群体学习的资源，课堂教学的效果甚微。

韩雪屏在"语文知识的心理学分类"部分写道：从哲学和认识论角度思考问题，把知识分为具体知识、抽象知识，感性知识、理性知识，直接知识、间接知识。当代认知心理学提供了知识分类新视角，即陈述性知识和程序性知识。陈述性知识也叫记忆性知识，主要用来回答事物是什么、为什么以及怎么样；程序性知识也叫操作性知识，主要用来解决问题，即做什么和怎么做。为了改变学生学习中暗中摸索的低效现象，培养学生成为具有策略思想的主动的学习者和运用者，实验中尝试着从新视角关注教学策略。

1. 采用教结构、用结构长程两段策略

语文课程中有许多概念，如词、句、句群、段、篇、文体、人物、情节、结构、思路等等。这些概念都是从语言学、文章学、文艺学等基础理论学科中提取出来的、对形成学生语文能力非常有用的知识，但是这些知识都毫无规律地分散在每篇课文中。以往教学，如上文所说，或者只让学生死记硬背，或者含糊处理。实验中，尝试用结构性思维调整教学内容，将教学内容按类相对集中，形成类知识结构，然后用教结构、用结构长程两段式教学策略进行教学。在教结构阶段，帮助学生明白这种知识结构的特点和因特点而形成的学习过程、学习方法结构，通过一定情境实践初步掌握知识结构、过程结构、方法结构，形成一定类结构思维策略。在以后的学习过程中，学生运用类结构思维策略，实现类结构迁移。这样，在长期言语实践中逐步形成、发展为较强的能力。有了类结构思维策略，学生就成了一个具有思想的自觉的主动学习者、思考者、运用者。该能力形成、发展的过程，是一个有目的、有计划、有方法策略的过程，不是死记硬背和暗中摸索的行为。

如为了让学生把握阅读写人记叙文的特点和掌握学习写人记叙文的阅读过程结构和方法结构，培养独立阅读同类文章的能力，先选择典型写人记叙文教学，通过教学学生了解了写人记叙文的特点和阅读过程、方法结构，这是教结构过程，需要用比较多的教学时间。然后，选择一组同类文章让学生阅读分析、讨论，进一步把握这类文章的特点和阅读过程、方法结构，这是用结构过程。一组同类文章阅读后，学生对文章特点、阅读过程结构和方法结构也已经比较熟悉，教学进度自然会加快，学生独立阅读能力也因此提高。以后，学习过程中再遇到同类文章，学生就基本能独立完成学习任务。

2. 将内隐认知活动外显化策略

语文教学时要求学生对课文通篇梳理文脉，了解大致文意后进行简要复述、创造性复述，再来进行归纳、总结，领悟其要旨，这些活动都建立在学生内在的思维上，就是说这些按规律进行的操作程序其实是建立在学生内隐的思维规律上的。教师在课堂上采用互动教学的方式，方便让学生体现其各自独特的思维活动、思维过程及思维方法，将学生各自内在的思维转变为外显的积极的行为，以此来激励自己、激发同学、互相交流、互相启

发，通过探讨深究文意，以此来达到补充、完善的效果，使学习效率加倍。如此，个人的经验成为群体学习的资源，每个人也不再是暗中摸索了。如：培养学生答题能力，先在交互活动中，学生们各自说出自己答题的思考过程，再共同提炼出答题的基本操作步骤及要求：1.审题，明白题目要求。2.阅读文本，根据题目要求，圈画批注、寻找、思考答案内容。3.梳理答案内容，使其正确完整。4.组织思路和语言，使表达有序、明白。交互活动过程中，让学生结合个人经验讲述具体思维过程及方法，即如何审题的？如何圈画的？圈了什么内容？为什么圈这些内容？等等。这是交流、讨论，甚至不同见解之间争论的过程，是各抒己见、发挥独立思索的过程，是思维方式展示、研究策略的过程。这个过程追求的不只是答题结果，同时要总结、提炼答题的思维过程，以指导以后的学习，提高答题能力。

每一个学生在以前的学习活动中都积累了一些经验，学习的起点都不是零状态，在交流中，不仅介绍自己的经验，还能评价他人的经验。这样，通过交互活动，每个学生都能以原有经验为生长点整合建构新的知识。师生是活动中的主体。老师成了整个教学活动的指导者、组织者。教学中，老师可以进一步了解并研究学生的思维方式、学习规律，还可以吸收学生的经验，整合建构自己的新知识，为教学提供新经验。

（二）破教材观，立创造性用教材观

阅读教材是根据《标准》中关于教学目的要求，按照一定体系结构选编的，是《标准》具体化，是读和教的材料。

长期以来，人们进入这样一种误区，老师认为教材是教学的根本依据，不能变动不可更改，老师教学往往以完成教材中的既定内容为第一目标。很多老师开学之初就先忙着设计，教课时哪篇课文用两课时教、哪篇课文用三课时教；进而设计哪一周单元测验、哪一周期中考试、哪一周期末测验；如此设计好时间节点然后按部就班地进行教学活动，按预定课时一篇篇往下教。至于这样安排是否适合所教班级学生实际需要并不在考虑之中。"新基础教育"研究中，教师们的教材观逐渐发生着变化。

1. 教材不是学生学习母语的唯一材料

学生学习母语的材料无处不在，无时不有，家庭、社会、学校日常生活、各科学习中都有丰富的语文资源。用教材教只是学习母语的途径之一，是教师运用教材有目的地、有计划地培养学生学习语言、运用语言的方式，培养过程还必须调动各方语文资源形成合力才能达到预期效果。教材是"用"来进行母语教学的材料之一，把教材作为唯一的资源，

势必浪费其他大量、丰富、生动、鲜活的语文资源。

2. 教材的功能是多元的

教材是人们根据学生生命成长的需要、语文能力培养的需要精心挑选的，每一篇课文都给学生生命成长提供正能量，都是字、词、句、篇、语、修、逻、文结合的典范，都可以用来培养学生听、说、读、写能力。课文可以作为学生学习表达的范文，可以作为培养学生各单项能力的载体（如培养概括能力，培养感悟、理解能力等），可以作为知识积累的资源（通过记忆、背诵），可以作为培养家国情怀、民族精神的材料……语文教材的功能是多元的，它对学生有太多育人价值。但是，在实际教学中，在有限的教学时间里，如何发挥每一篇课文的育人价值，必须根据学生发展需要认真思考，慎重选择。创造性地运用教材是语文教师的职责。

3. 教材都是精心选编的，但仍有不尽如人意之处

我国语文教材从1903年独立设科以来已逾百年，历史不短。百年来教材变化不断，受教育思潮、政治运动的影响比较大。教育思潮变化大，政治运动次数多，教材变动也快。1949年以后，学习苏联经验，汉语和文学分科，一段时间后又合二为一。因研究观点不同，语文教材的编写方式争论不断。有文白之争，教材采用纯白话文还是文言文；有关于是否选用儿童文学的争论。语文教材历来是受批评指责最多的教材。

（三）改单一课型，建构多样化课型

20世纪50年代，我国阅读教学主要采用讲读课型，此课型包括六个环节：第一，准备谈话；第二，词汇教学；第三，朗读、默读训练；第四，课文内容、结构分析；第五，课文复习、背诵；第六，总结谈话。这六个环节一定程度上体现了阅读教学规律，该课型在长期教学中模式化、僵硬化了，暴露出了形式烦琐的弊端，成了提高阅读教学效率的障碍。以后，语文教学界开展过语文教学有无规律的讨论，但仁者见仁，智者见智，广大教师无所适从。于是，教育机构培训课成了大家模仿的范式，优秀教师公开课成为大家学习的榜样。优秀教学汇编、教学经验专著、教学参考用书铺天盖地，连中小学生也会把参考书带进课堂，师生共同"参考"参考书的内容。慢慢地，人们发现课堂教学又出现千课一面的怪现象。语文教师产生了职业倦怠，没有创造性。语文课成了学生最不喜欢的课。其实，语文课的内容是相当丰富的，可以从中感受生活的乐趣，领略古今优秀人物的风采，学习古今中外学者的人生观、哲学思想，欣赏中外名胜古迹、美丽的自然风光、可爱的动物世界，了解世界重大历史事件……是一个多姿多彩的语文世界。那么，学生为什么不爱

上语文课呢？可见，问题不完全在内容，而在课堂教学本身，千课一面的课堂教学模式把鲜活的内容教乏味了。

阅读教学的课堂应该是既有规律，又多姿多彩的，绝不应该是一个模式、一个套路。语文教材篇目很多，孤立地看，一篇课文一个特定内容，课文之间没有必然关联，但是换一个视角看，从整体、结构、关系思维角度看，就会有许多新发现。

多样化的课型使阅读教学课堂既富有变化、有生气，又不会信马由缰、随意而为；既能体现阅读规律，又不陷入僵化模式。教师们把握基本课型的设计理念、策略，根据具体课文内容和学生实际可以自主选择合适的课型进行教学，也能创造更多课型，从被动模仿走向主动创造。阅读课堂不再千课一面，还阅读课堂本该有的风貌。

破单一、模式化课型，建构多样化课型是阅读教学改革必由之路，也是一条异常艰巨之路，要有高瞻远瞩的理论指导，要有丰富的教学研究实践。语文界的同仁们在这方面已经做了大量工作，我们在"新基础教育"理念指导下，在改革研究实践中，也在尝试，但还不完善。

课型内涵的界定，主要体现在课型、成型的课型标准、课型要有相关文字资料三方面。课型是指课的类型，围绕某一个教学目标或某一教学对象而形成的某一类型的课。成型的课型标准是指需要有明确的指导思想，一套体系化的结构，包括：系列化教学目标、教学内容、教学过程方法、评价标准等。课型要有相关文字资料，如案例、论文等。

"新基础教育"语文改革中的课型研究以"新基础教育"基本理念为"魂"，以学生语文能力发展为核心目标，遵循整体性、结构性、开放性、主体性、生成性、重心下移等原则。

三、用"新基础教育"理念指导教学设计、课堂教学、课后反思

（一）教学设计

课前准备是对教师职业的基本要求，一般情况下，教师都会认真对待。

有时一般备课过程存在缺失：通读课文后就已经了解课文内容与课后习题，继而阅读教学参考书，从中了解文章主题，重点掌握段落层次分析；了解参考书中的教学建议，阅读相关资料然后开始课堂设计，包括词语解释、模拟练习等；将可参考的重点内容于参考书上标记、梳理，完成教案并整理出整个教学过程。

老师们认为参考书是上级有关部门组织有经验的老师经过充分研究撰写的，体现了上

级精神，质量有保证，又是有关部门出考题的依据。因此，对参考书产生很大的依赖性。

"新基础教育"研究中的语文教学准备：改"备课"为"教学设计"，凸显教学准备育人价值。

"新基础教育"研究将课前准备称为"教学设计"，本身就体现对教学准备工作的重视。教学准备犹如一项工程设计，需要依据既定的教育理念、设计思想制定方案，将教育理念体现在教学目标任务、内容选择、方法策略运用等整个教学过程中。

教学首先是教育行为，最终目标是培养学生成为主动、健康发展的人，一切教学活动首先要从人的培养出发，从学生发展需要出发。语文教学课前准备必须考虑所教班级学生的实际状况和发展需要。

教学是个系统工程，学生成长有个发展过程。语文教学中，知识的积累、能力的形成、发展都不是一蹴而就的。教学准备过程中，每一篇课文教学，每一个技能训练，每一个知识点教学都需要放在整体、长过程结构中思考，考虑学生已知已会，考虑学生的后续发展。教学活动中，教师和学生是双主体，教与学是同一个分析单位，语文教学设计不能只考虑单方面的行为，要精心设计，使教学活动在师生有机互动中共同推进。同时，考虑教学活动诸多因素，如教学环境、学生兴趣、习惯等之间的关联性。

语文学科的特殊性也决定了教学要精心设计。一个版本教材使用范围很广，如人教社教材，学生群体差异很大。加上每篇课文又是一个字、词、句、段的综合体，思想内容、语言风格各异，面对具体的学生，在有限的教学时间内，老师必须考虑教什么，教到什么程度，要做出具体的选择，进行精心设计。

教学设计过程包括：教材分析—学情分析—选择教学内容—确定教学课型—制定教学目标—设计教学过程。

（二）课堂教学

以往人们把课堂教学过程当作执行教案的过程。什么时候写板书，什么时候播放媒体视频，什么时候朗读课文，完全按教案预设运行，老师连课堂导入语、过渡语、总结语都背得一字不差。学生配合老师完成教案，在这一过程中，学优生充当主角，解答老师的各种问题；大多数学生充当群众角色，配合朗读，营造气氛。师生各司其职，直到下课铃声响起。如果老师讲完总结语正逢下课铃声响起，那是最完美的结果。其实，这样的课缺少价值。

（三）教学反思

反思指课堂教学后，执教老师对课堂教学的回顾与思考，是"新基础教育"教学研究中的一个重要环节。教学反思要做到如下几点。

1. 明确反思目的，突出反思主题

反思是课后用"新基础教育"基本理念审视自己的教学思想和行为，目的是联系课堂教学实践深入学习"新基础教育"理念，改进教学实践。对执教教师来说，这是一个促进"新基础教育"理论学习和将理论转化为行为的契机。所以，反思是"新基础教育"团队教师成长的自觉行为，需要的是真诚的态度、开放的心态。反思的角度是多元的，但应该突出"新基础教育"主题，紧扣"新基础教育"基本理念，反思自己的教学思想和行为。

2. 选择反思内容，突出重点

反思的角度是多方面的，可以反思教育设计、反思课堂实施过程中的方方面面：如开放程度、重心是否下移、倾听、捕捉、点拨、提升情况等。可以对比教学设计和课堂实施，看想教的和实际教的是否一致（因为实际教学达不到预设效果的现象很普遍），分析原因，或许是设计脱离学生发展需要，或许是教师课堂、组织能力欠缺。即时反思因为思考时间不充裕，所以不必面面俱到，可以选择感受、体会最深的与大家交流，进行反思，或写反思笔记。

3. 辩证思考，实事求是

反思不是反省，不是检讨，所以不是只反思问题，也可以回顾分析某些方面成功的原因。失败的例子通过反思可以成为生长的资源，成功的例子更要花时间总结，但需要的是实事求是的科学态度。

4. 联系实际，避免抽象

反思切忌引用许多"新基础教育"语录，却没有具体事例。学习理论不联系实际，或者不会运用理论去观察、发现、分析具体事例，理论还是别人的，理论只有能联系实际才能内化为自己的。反思不等于"新基础教育"理论引用得越多越好。

5. 反思与重建联动，寻求更大发展

反思目的是为了发展，在反思的基础上可以找到后期发展的路径。所以，反思不是行为的终点，教师可以在一次次实践、反思、学习、重建中发展。

第二节 加强学生阅读理解能力的培养策略

如何培养、提高学生阅读理解能力历来是语文教学研究的重点，也是一大难点。同仁们的研究实践提供了不少经验。"新基础教育"实验研究中的语文团队的老师们也在"新基础教育"理论指导下，尝试遵循阅读能力形成、发展的基本规律，运用恰当的方法策略培养学生阅读理解能力。因为其中因素太多，要想得出"最好"阅读计划、"最佳"阅读能力训练方法仍然是困难的，但是我们在努力着。下面从三方面分别叙述。

一、做好阅读能力培养的工作前提

基于阅读能力形成发展的复杂影响因素，培养学生阅读能力有许多前提工作要做，其中包括培养学生独立识字能力、培养学生阅读的综合基础素养。这两部分内容在《纲要》中已有详尽的叙述，为了反映实验研究的整体框架，这里再做简要叙述。

（一）培养独立识字能力

阅读过程中，需具备独立识字能力。遇到生字能运用汉字音、形、义的规律，运用汉字学习，借助工具书帮助自己扫除读物中的生字障碍。

（二）扎实培养学生阅读综合基础素养

阅读综合基础素养培养是根据阅读起步阶段学生特点设计的，目的是把学生阅读基础夯实，在学习实践中培养学生阅读兴趣，帮助其养成良好的学习习惯和品质。

二、基于学生阅读理解的单项能力培养

阅读单项能力是指阅读能力中的若干次级能力，如朗读能力、质疑能力等。

培养中，首先让学生明白这些能力的培养价值，调动学生学习主动性。其次，按能力形成、发展规律，采用相应的方法策略，而不是只靠简单、机械地反复操练。最后，逐步形成学生能力自觉，能在新的语境中恰当地选择运用能力，能根据不同文章特点选择合适的朗读方式，正确表达情感。

能力形成可依靠两个基本途径。一是在学习中自然形成；二是在教学活动中形成。在

初中语文阅读能力培养的研究

以往教学中，基本依靠自然形成的方法。正因为"自然"，目的性不强，缺少具体培养计划、方法、策略，效果不佳。

"新基础教育"研究中，采用两条途径相结合的策略。一方面重视在日常教学中渗透能力培养因素；另一方面上单项能力培养课，在直接的促进形成的教学活动中形成能力。辩证处理综合能力培养和单项能力培养之间的关系，综合能力培养、单项能力培养同时进行，重点培养和综合运用实践相结合。

阅读能力中的若干次级能力，就是采用两条路径相结合的策略培养的。

（一）朗读能力培养

学生朗读主要有技能型朗读和理解型朗读。技能型朗读要求大声诵读，正确流利；理解型朗读即通常说的有感情朗读，运用语调、语气、节奏等技巧读出句子的抑扬顿挫，读出对文章的个性化理解。

朗读在语文学习中具有促进学生外部语言向内部语言发展的重要价值。朗读能增强语言的感受力、表现力。朗读课文时，把文字所代表的状态或具体事物在脑子里呈现出来，想象画面，把概括的东西变成具体的东西。直观感受文章的节奏美、语言艺术美，引起情感共鸣，更深刻体会作品的内涵，还会把情感传递给别人。

语文学科重视朗读，"课程标准"中有具体的朗读教学目标，教学单元导语中有表情朗读的要求，课堂教学设计中也常有"培养有感情朗读"的字样。

通常情况下，老师也把朗读当作一种活动形式，一种课堂讨论后替代总结的形式。课堂讨论后，老师说：大家有感情地朗读一下，学生朗读时并没有感情。

基础教育阶段，语文教学培养学生情感朗读不是为培养演员、广播员、节目主持人，而是提高学生对语言文字的感染力、表现力，提高审美情趣，接受文本中人物精神品质的熏陶。因此，有感情朗读追求的不只是高超的技巧，应是真情的流露，哪怕语音还不太准确、节奏还处理不当，但这份情必须是真的。感情朗读一定是建立在"真"的基础上的。当然，通过感情朗读指导能培养出优秀的节目主持人自然不错，但这不是语文教学追求的目标。

学生真情朗读，首先要建立在真诚、民主平等的师生关系和持久开放、和谐、积极向上的班级生活、课堂氛围上。这种关系、这种氛围需要教师在正确教育观的指导下，在正确教师观、学生观、教学观的指导下，和学生们一同打造。只有在这种关系、这种氛围中，师生才能以开放的心态，全身心地投入课堂生活中，也才能以真情朗读文本。其次，提高学生情感朗读水平，需要教师采用多种方法激发学生学习的热情，提升学生理解感悟水平：

1. 教师用真情范读，感染学生

语文教材中有描写祖国壮丽山河的诗篇，有追忆苦难童年的故事，有逻辑严谨的说理，有美丽的童话，等等。朗读好不同类型的篇章，既是语文教师的专业要求，又是激发学生情感、推进课堂教学的需要，更是教师自身感悟程度的反映。

2. 课堂教学重心下移，把朗读的时间还给学生

推崇"对话"教学后，课堂里读书声少了。有的课从开始到结束都在一对一地对话，朗读成为其中的点缀和过场，成了少数学生的展示场。

3. 运用多种资源激发情感

根据文本情感需要，配以视频、音乐、图画，组织学生参观、访问、搜集补充资料等都是促进学生理解感悟文本的常用方法。

教学《沁园春》时让学生看有关北国风光的视频，那"千里冰封，万里雪飘""山舞银蛇，原驰蜡象"的景色尽收眼底，"祖国山河壮丽之美"情感会油然而生。

教学《一曲胡笳救孤城》，学生们眼看着一轮冷月下的旷野，耳听着胡笳发出深沉忧伤的乐声，仿佛自己也来到遥远的北国大荒原，体会到那些远离故乡、远离亲人的将士们的思乡之情，从而理解一曲胡笳所以能救孤城的深层原因。学生们怀着真情朗读课文，脑海里不会是空白的，语调不会是苍白的。

（二）速读能力培养

全世界出版的图书给读者提供海量的信息，电视、网络的大量运用，对阅读速度提出新的要求。人们对阅读功能的观念也有了更新，甚至认为阅读不仅是一种学习活动，还是一种有效的生产手段。慢速阅读将不能适应时代的要求。

20世纪60年代以来，国际对快速阅读研究给予高度重视，开展了快速阅读的理论研究和实验研究，揭示了快速阅读的本质，编写了快速阅读教材、设计"阅读加速器"等，规定了全国统一的阅读标准，对成人和学生进行专门的快速阅读训练。

我国传统阅读属"慢速领悟"型，人们默读速度远跟不上现代信息递增的速度，学生默读速度普遍达不到要求。有学校调查，中学生只有20%学生达到500字/分。原因有几条：首先是学生读书通常缺少速度意识，因为平时做作业就是慢慢悠悠、磨磨蹭蹭的节奏；其次是多数学生都没有养成良好的默读习惯，不少学生习惯于轻声读、唇读，很多时候竟然存在假默读现象；再次，学生能完全集中精力阅读的时间太少，有的学生文章读到

初中语文阅读能力培养的研究

一半就开小差、分心，更甚者其思维处在停滞状态；最后，学生没掌握快速阅读的方法，有时候想做得好，却不知如何有效地开展快速阅读，还有的学生有时一味地追求阅读速度，读完文章（或课文）后连基本的文本内容都没有记住。

提高学生阅读速度不仅利于大量阅读，并能培养学生认真阅读的品质和良好默读的习惯。

1. 开展阅读速度训练要辩证认识几种关系

（1）理解和速度

理解和速度是相互影响的。阅读时人既是语言的领悟者，又是语言的加工者。慢读是出声读或用潜语读，信息的传递过程是文字信息—大脑—发音器官—听读分析器—大脑（信息领悟和加工）。快读时，注意力高度集中，文字信息可以直接输入大脑，获得信息又多又快，能迅速抓住主要内容，记忆、思维效果好。阅读的同时是可以思考的，思考的同时也能阅读，利用视觉和意识来感知材料。总之，快速的、有理解的阅读是阅读能力强的重要标志。不少学生阅读课文时精神高度紧张，会吃力地把全部精力都集中在阅读本身，整个过程眼睛一刻都不离开书本，生怕看错行或是漏读、错读，没有余力理解所读的内容，不会同时阅读和思考。快速阅读训练要同时训练学生阅读理解能力和速度，不能顾此失彼。

（2）阅读速度的快与慢

强调速度不等于一味地追求快速。"越快越好"思想不完全正确。第一，阅读速度是有限度的。速度超过一定限度会影响理解和记忆。太快了，来不及思考；太慢了，精力容易分散。只有阅读速度足以使读物内容完全为学生所意识到的时候才是有效的。国外有些学者为不同层次的读者规定了不同阅读速度：最高速度每分钟读1200个单词，一般速度每分钟读200~300个单词。第二，读者、读物等变量因素会影响速度。阅读时读者、读物的关系，读者的年龄、性格、知识背景、身体状况、集中注意力程度等因素都影响阅读速度；读物的难易程度、读物的类型也影响阅读速度。如：阅读记人、叙事的记叙文速度相对比较快，阅读含有较深科学知识的说明文，速度相对比较慢。第三，阅读目的不同，速度要求也不同。属于研究性内容，需要深入思考，逐字逐句揣摩，要慢慢地、反复地细读，甚至停下来思考；属于查询资料性的阅读，理解要求不高，需要的材料细读，其他部分可以跳读；属于一般消遣性的阅读，没有速度要求，依照读者兴趣。感兴趣地方可以细读，一般章节可以一带而过。因此，阅读速度不能以快慢来评定优劣，要指导学生根据阅读的目的选择相应的速度。最佳的阅读者绝不是快读者，而是能快慢结合，能自主把握阅读速度的读者。

（3）阅读准确度和速度

培养认读能力时，强调要认真、准确，"一字不差"；培养速读时，提倡速度"一目十行"。这似乎是矛盾的。其实，这是两种不同的能力，都是学生应具备的。只是培养起始期有先后。

2. 掌握快速阅读技能

（1）养成良好默读习惯

默读的关键是阅读时不动嘴、不动喉、不心诵（潜语读），只能用眼睛看（目读）。但是刚开始默读时，要做到目读很难。因为，第一，从习惯于大声朗读继而到静心默读，是需要有一个过程的，一般是先大声朗读然后慢慢的轻声读，逐渐地开始不出声读，再到目读。这个过程有时候需要别人帮忙提醒，所以完全做到目读还是比较难得。第二，学生视线虽然沿着文字在移动，但脑子可能想着其他的事，或者思维停滞不动。老师可以采取一些措施帮学生脑子动起来。如：读前提出明确默读要求，读后及时检查反馈；指导学生默读过程中，根据要求做圈划批注。

（2）传授快速阅读的方法

指导快速阅读可以结合日常阅读教学进行，也可以采用集中训练法。下面主要叙述集中训练法。即集中一段时间进行有目的、有计划、有步骤地训练。训练项目：扩大阅读视野技能训练；记时阅读文本训练。

（三）阅读教学中的思维能力培养

叶澜教授提出了理想新人的精神素质三维双向目标，新人要有复杂思维能力，从平面到立体，从静到动，从单一到多元、综合，从部分到整体等。

思维是人以自身已有的知识为中介而产生的对客观现实的概括的、简洁的反映。它是人在实际生活过程中在感觉经验的基础上，产生的头脑中对事物进行分析与综合、抽象与概括进而形成概念，并应用概念进行推理和判断，来认识事物一般的或本质的特征及规律联系的心理过程。思维能力是构成智力的核心要素，是指人脑对接收的信息加工整合，从而开发思想产品的能力，它一方面体现大脑的聪明程度，另一方面即表现为系统思维的锻炼程度。

心理学界关于思维和语言有许多论述。如：思维和语言有着天然联系，中国学者认为语言和思维是外壳和内核关系，西方学者认为思维和语言是相互依赖关系。

初中语文阅读能力培养的研究

学生是学习的主体。学习是主体主动在头脑中建构意义的过程，是新旧经验之间的双向交互作用的过程，该过程中新旧经验知识之间经历着比较、分析、概括、推论、判断、假设等思维活动，经历着冲突、重组和转化，主动建构新知识意义。语文学习中知识的学习、记忆积累、理解、感悟能力的形成发展无一不和思维有关。教材中有许多描写人物智慧的故事，都能给学生启发。

语文教材和语文教学中有许多思维因素，可以用来培养学生的语文学习能力。但是在实际教学中，运用思维因素发展学生语文能力的工作还是相当不够的。学生靠耗时间、拼体力完成繁重学习任务的多，老师课堂上指令多、要求多、策略指导少，或只是把成功经验告诉学生，学生并不知道"为什么"。

为了培养学生的思维能力，在实验中，基本做了两项工作：一是梳理教材，凸显教材结构特点；二是课堂教学中，运用思维元素，提高学生语文能力。

在课堂教学中，老师运用思维知识元素进行策略教学，改变过去让学生死记硬背、机械操练、"暗中摸索"的现象。正如"标准"中要求的，"在发展语言的同时，发展思维能力，激发想象力和创造潜能""初步掌握科学的思维方法""增强思维的严密性、深刻性和批判性""追求思维的创新、表达的创新"，培养聪明的学习者。

（四）阅读文学作品感悟力的培养

语感的提法是20世纪90年代以后才在大纲中逐步出现的，并且列入新课程标准。目的是突出母语教学和精神世界的联系，"新基础教育"语文教育中，没有就这个问题做着力的、系统的专题研究，只是基于"新基础教育"的需要，基于对学生多方面发展的需要，基于语文学科共通的、特有的育人价值，基于文学作品的特点，进行了教学实践。学习文学作品不能只停留在文学体裁知识的理解上。

1. 文学作品特点

文学作品表现作家对生活的态度和评价，即不是提供一幅蓝图，而是通过这幅图告诉读者什么是好的、美的、对的，什么是恶的、应反对与批判的。作品并不是通过说教方式起教育作用，而是借助作者对事物描绘和对人物的刻画自然流露出来的。阅读文学作品的时候，读者往往被作品中的人物或是故事情节所吸引，进而产生情感上的共鸣，这时候，读者必然会在对文本的反复咀嚼、回味沉思中留下深刻印象，不知不觉受到思想、情感、性格、心理品德等影响，受到教育。它是通过艺术形象使人如临其境、如见其人、如闻其声的。优秀童话就是借助幻想中人物的小故事来启发、教导读者，怎样辨别生活中的真与假、美或丑、善和恶，以此来培养人具有智慧、正直、勤劳、勇敢、善良的品质。

文学作品存在大量模糊概念，给理解带来不确定性。作品中有空白、空缺，这是作者故意留给读者的四维空间，是艺术技巧，使作品呈现开放状态，为读者提供进行想象和再创造的广阔天地，让读者主动参与思考。在参与中，读者根据自己的生活经验来丰富、理解、补充、想象形象，从不同角度塑造形象，产生不同、层次的理解和感受，揭示形象所包含的思想内容。

文学是语言的艺术，以语言为工具来塑造艺术形象，要求鲜明、准确、生动，富有美感、流畅。

叙事性文学作品（叙事诗、小说）以塑造典型人物为中心，不仅想象出人物的声音、笑貌、服饰、风度，而且深入人物灵魂深处，剖析他的内心活动。

环境是人物诞生、成长、活动的背景，为塑造人物服务。是人生活的一部分，衬托人的心理，突出人物性格。或寄情山水、借自然景物抒发自己的某种思想情感。

情节是人物发展的历史。结构完整、和谐、统一、多种多样，要服从主题。

主题是作家生活的结果，受世界观支配。借助人物形象表现主题；借助景物形象烘托，渲染；借助事物形象托物言志，借物抒情；借助议论抒情，解释主题；借助表现手法凸显主题。

抒情性文学作品（抒情诗、抒情散文）通过最能发人深思的某些生活片段，集中地表现诗人内心的思想情感，因此较短，一般没有具体人物和完整事件。

语文的世界是一个美丽世界，美景、美人、美情、智慧美……但是阅读文学作品比阅读论述性作品要难，因为文学作品是以语言为中介的，多种含义隐喻在作品的字里行间，需要读者自己由外而内地感受、体验、欣赏、鉴别，通过优秀文学作品艺术形象了解社会，了解生活。

2. 学习文学作品需要感悟

感悟有获得新观点的意思。感悟需要人亲自实践、体验，有时是一瞬间的自然流露。感悟是一种能力，具有稳定性、主体性、积累性特点。

语言的感悟是通过语言阅读引起相同的思想情感，引起内心的激动，使自己明白、觉醒。

语言感悟的前提：第一，读文。读通畅，了解文章内容、作者的观点与情感。第二，积累一定知识。如知道词的本义和引申义，知道句式特点，知道修辞、文体特点等。第三，有生活积累。广泛的兴趣、丰富的知识等。第四，有良好的心理素质。第五，有一定形象思维、逻辑思维的品质。第六，懂得基本的感悟策略。如运用朗读、默读的感悟手段，寻找到文章空白点、矛盾点，能联系生活等。第七，知道感悟的层次要求。不满足语言符号式理解，追求作品内在含义。

3. 学生感悟文学作品的特点

感悟能力形成、发展受到生理成熟度、心理成熟度、知识、经验、生活阅历、社会家庭背景和具体语境的影响，学生感悟作品有明显的选择性、成长性、差异性特点。

对内容感悟的选择性。学生对具体的、形象的、直观的、亲身经历过的事物更感兴趣，对陌生的、远离他们生活实际的事物难理解，缺少感觉。

对内容感悟的局限性。学生不知道人文学科注重"应当是什么"的价值内涵，不理解文学是引导我们思考人生目的、意义、价值，从而发展人性、完善人格的价值。

学生不知道阅读文学作品需要感受、体验、欣赏、鉴别。课本中有许多故事性强的文学作品，学生拿到新课本后，首先把课本中的故事都看一遍，了解故事大概后就心满意足了。但是，课堂学习的兴趣会因此削减一半。

积累成长性。随着学生世界观、人生观、价值观的提升，随着学生科学思维方式的形成，随着学生生活经历的丰富、对文学作品价值的正确认识等，学生感悟文学作品的水平会逐步提高，感悟能力越来越强。

4. 学生感悟文学作品能力需要培养

学生感悟力虽然具有累积成长特点，但是，提高学生对文学作品的感悟力离不开教师的培养。

要正确认识想象、情感、理解之间的关系。感悟力是想象、情感、理解三者相互渗透相互融合的一个整体。感悟首先要对语言文字进行解读，尽最大可能使作品世界再现出来，正确理解情节故事、理解人物之间的关系。再现需要以想象为手段。这种想象不是随意想象，而是在作品引导下，在作品的范围内想象。情感是审美情感，是发现作品中所蕴含的美，是一种崇高的精神体验。教学过程中，有学生认为想象越"丰富"越好，理解越"深刻"越好，其实不然，情节的补充、想象的发挥、理解的结果都应该是作品本身蕴含的，而不是外部强加的。

感悟力的培养是潜移默化的过程，单靠指令和说教是达不到效果的。再说，教材中不少作品都是以成人的视角撰写的，学生感悟、理解有困难是必然的。教学中，通过多种方式创造情境来帮助、提升学生理解、想象，以产生情感共鸣。教学中，有的老师先和同学聊天、交流，让学生说说平时自己和父母、同学、老师之间是怎样表达情感的，从学生自身开始推及父母之间。从多角度、多层面体会情感丰富性，启发学生培养自己细腻的观察力和表达力。

对具体课文内容的理解、感悟不是教学的最终目的，最终目的是通过一个个案例的理解、感悟，培养学生形成"类"的意识和能力，并能运用这样的意识和能力去理解、感悟所有的阅读材料，直至理解、感悟人生社会、自然。

感悟是内心的感受，需要真挚、纯朴的情感，实事求是的表达，拒绝抽象的、套话式的、虚假的口号式的表达。

感悟的表达形式是多样的：对材料的理解、感受、体会、启发；对人物、事件的想象、联想、拓展、延伸；对人物事件的判断、分析、点评、赞同、反对、批判，提出自己的建议等等。坚决克服套话、空话、假话的感悟模式。教师的一言一行都关系到主动、健康新人的培养。

三、基于学生阅读能力培养的篇章教学结构

"新基础教育"语文教学研究中充分关注这些篇章之间的横向、纵向关系，在不改变教材整体结构的前提下，第一，在教学中加强篇章之间知识、能力的横向联系。将部分相关知识、能力组成一个个结构群，采用教结构、用结构的长程两段教学策略教学，帮助和促进学生知识内化、能力发展，培养结构性思维。第二，教学中加强学生知识、能力发展的纵向序列性。关注基础教育九年各发展阶段学生知识掌握、能力发展要求的明朗化和阶段之间学生知识、能力发展衔接的长程序列化。

（一）基于篇章知识、能力教学的横向结构性——单元教学的思考与实践

以单元划分课文是教材编辑史上一大创造，一个单元的学习时间相当于一个星期，每星期复习一次，开展一次综合活动，这样很有规律。

因为教材选文大多是文学作品，加上人们对作品思想性的重视，单元组合历来以人文主题为主。实验中，用结构性思想分析这些单元，发现有的教材单元主题集中，有的教材单元主题并不集中，给教学带来不便。针对这种情况，实验中采取以下措施：

教材中原单元主题集中的，就充分利用原单元资源进行教学；教材中原单元主题不太集中的，改组或重组原单元后教学。

1. 记叙类文体教学

记叙文是以记叙和描写为主要表达方式，包括范围很广，如记人、记事、日记、游记

等，写生活中的见闻，表达作者的真实感受。

阅读记叙文，逐步把握记叙文的基本要素（时间、地点、人物、事情的起因、经过、结果）、基本行文思路（顺写），初步把握一些描写、修辞手法，体会作者表达的思想情感、体会作品人物的精神面貌，学习作品人物的精神品质。并通过记叙文学习，运用记叙文的基础知识，指导自己阅读和表达，把日常观察到的人、事、物用记叙文的手法写出来。

在阅读、学习、表达过程中，把握记叙文文体的基本结构，把握阅读记叙文的学习规律，形成类结构意识，并用类结构知识学习新的同类文本，提高记叙文的阅读理解、表达交流能力。

2. 说明类文体教学

说明文是以说明为主的表达方式，来解说事物和说明事理、给人提供知识的文章体裁。一般介绍事物的形状、特点，可以直截了当地介绍，不描写、不夸张，称为平实性说明文。该类说明文语言平实、周密、科学性强，言而有序；也可以用文艺小品、文艺形式说明，称为文艺性说明文。该类说明文生动活泼，通俗易懂，用比喻、拟人化描写手法。

相对其他文体，说明文没有曲折的情节吸引人，没有鲜活的形象影响人，没有浓郁的情感感染人，有的老师认为这类文章引不起学生兴趣，教学草草了事。学生认为课文没有故事，不生动，也不重视说明文的学习。

学习说明文对学生有多种育人价值：

（1）培养学生捕捉读物信息的能力。阅读说明文和阅读故事、小说、散文有诸多不同。学习说明文，要培养学生把握说明文的结构特点、语言特点，从而能准确、迅速地提取文章的主要信息。

（2）培养学生观察的兴趣、观察的良好习惯，严密的思维方式和逻辑性，并培养学生热爱科学的精神。

（3）培养学生学习用举例子、列数字、作比较、列图表等常用说明方法把事物说具体、说明白。

说明文教学，一要整体感知文章内容，了解说明对象，区分事物说明文和事理说明文；二要分析文章内容，掌握说明对象的特点；三要鼓励学生日常多阅读科普读物，扩大知识面，多观察身边的事物，用通顺、简洁的文字记录事物的特征，研究其中的科学道理。

3. 议论类文体教学

议论文是用概念、判断、推理等形式，用分析综合等方法来证明观点、阐明道理或批驳别人的错误意见，具有严密的逻辑性。

议论文表现形式一般有两种：表达论点的句子直接出现在文章中；文章中没有直接表现论点的句子，需要学生读懂文章后自己提炼概括。

论点的语言表达形式一般为肯定句，有时也可能是否定句，但不会是疑问句或选择句。

学习议论文的育人价值有：第一，提高学生思维的深刻性；第二，提高学生语言表达的严密性、逻辑性；第三，培养学生日常学习、生活中的敏感性，对学习、生活中一些现象能用议论手法准确、有序地表达自己的观点，提高思辨力和语言表现力。

4. 散文类文体教学

散文是以记叙、描写为主，兼有一定抒情、议论、说明的一种文学体裁。

散文具有自由性、抒情性、含蓄性、美感性的特征。有叙事散文（写人、叙事），抒情散文（如写景散文、抓景物特征、情景交融），议论散文。散文是作者通过状物、记人、写景等抒发自己对生活的感受。取材广泛、内容自由，以小见大、结构灵活，大小不论、深浅不限。

学习散文的育人价值有：因散文取材广泛，多读散文可以开阔眼界、丰富知识、启迪智慧；因散文感情丰富而且高尚，多阅读散文能陶冶情操；因散文语言精美，多读散文可以提升审美力和表达能力；阅读散文，学习基本的散文文体知识和阅读方法，能运用已有结构性知识学习新文本，用简短的散文写出自己对生活的感悟。

5. 古诗类文体教学

古典诗词博大精深，高度集中概括地反映现实生活，讲究意境，用精炼富有音乐美的语言创造感人的艺术形象，抒发作者的思想感情，为读者打造遐想、情思的空间。我国古诗词都有很深远的意境，是古代文学的精华。

学习古诗词有多元育人价值：了解中国文化的博大精深，培养学生的爱国情怀、民族精神；丰富学生情感，培养学生感受美、创造美的能力。当前为应试而学习的现象严重，学生的审美意识、审美能力培养被忽视，学生审美能力和审美想象力迟钝，加强古诗词教学可以培养学生高雅的审美眼光；培养学生的想象力，古诗创作和阅读理解都离不开丰富的想象；同时还培养学生的人文气质。

（二）基于篇章知识能力教学的横向结构性——教学基本课型结构

基于结构性思维，语文教学研究中，除了思考篇章知识、能力之间的关系，以单元组合结构形式呈现以外，还要以基本课型结构形式呈现并教学。语文教学内容的丰富性决定了语文教学基本课型的多样性。实验中，老师们在研究、实践的基础上已经总结并初步梳理出了基本课型结构体系。

有的句群就是自然段。句群是篇章构成的基本构件。构成句群的单位是单句或复句。句群的内部有并列、承接、递进、选择等关系。语言上有逻辑关系。语法上有结构关系，语流上有衔接、连贯性。一个句群有一个句群的中心语义，不能横生枝节。句群中的句子从不同角度表达中心语义。句群有一重句群，二重句群，多重句群。

以前一般把句子作为最大的语法单位，没有句群概念。20世纪60年代后期，随着"话语语言学"的诞生，国外一些语言学者开始研究大语句的语言单位。我国从1984年起，在中学语言教学中增加句群教学内容。

1. 基于句群教学的思考

（1）根据学生发展需要选择教学的句群

语言学家对句群分类的标准很多，如根据用途分类、层次分类、结构分类等，分出的句群数量庞大，甚至多达几十种，如连续句群、总分句群、并列句群、因果句群、转折句群、先概括后具体句群等。学会运用这几种基本句群，对小学生来说已经足够了，但是进入中学和高中阶段，教学的句群会加大难度。

（2）根据学情选择句群教学的策略

基于学生处于形象思维与抽象思维的过渡期，仍以形象思维为主的特点，句群教学采用直观案例教学策略，即以教材中典型句群为例，教学课文时，有机结合相关句群教学。让学生用句群知识归纳句群的中心意思，研究句群中句子之间的关系，并用相关句群练笔，学习基本的表达方式。

（3）在日常运用中熟悉句群的结构

对于初中语文教学来说，掌握基本句群结构知识，不是阅读教学的最终目的，熟练运用句群知识于阅读理解和表达交流才是目的。语文老师应尽量做到，在阅读教学中，指导学生运用句群知识来分析、理解文本，然后鼓励学生去运用某个句群或者是综合运用多种句群，来记录自己生活中的所见、所闻、所做、所思。在持续不间断的语言实践中，提高学生的阅读理解和沟通表达能力，提高学生观察生活的兴趣和能力。

2. 关于句群教学课型

句群教学基本课型分两类：一类是读写结合型，第二类是单项能力培养型。

（1）句群教学读写结合基本课型

在阅读课文中选择典型句群做范例。在阅读理解的基础上读写结合，实现文本理解和表达交流双向滋养。

（2）句群教学单项能力培养

基本课型选择典型句群作为单项能力培养材料。

基本教学过程结构：感知句群—理解句群—辨析句群—习作句群—句群运用迁移。

感知句群：出示句群，朗读或默读句群，整体了解句群内容。

理解句群：分析句群中句子之间的关系，归纳句群的中心意思，确定句群特点，下定义。

辨析句群：出示2~3个语段，其中有的不是句群，有的是不同类型句群，让学生辨析。通过正确、错误、不同类型辨析，提高学生对新学句群结构的清晰认识。

第三节　中学生阅读推广活动的策划与实施

阅读是获取智力资料的一种主要途径。所谓"读书促进"，就是把"读书"这个"认识"的过程扩展到更广阔的空间，让更多的人参加到读书中来。中学生是我国未来的希望，因此，要培养好的读书习惯非常重要。对于营造一个好的社会环境，都有着十分重要的作用。现在是一个全媒介的年代，在新媒介的阅读中，大部分的高中生都会使用手机、电脑和iPad。高中阶段的阅读呈现出浅读、微阅读和速食阅读的趋势，深层阅读已经离我们越来越远。此外，阅读活动并不能直接改善学生的学业表现，在校园里常常出现"说起来重要、做起来次要、忙起来不要"的窘境，被父母认为"课外阅读是一种浪费时间"，而阅读没有得到足够的关注和支撑。

目前，开展中学生读书活动还有很长的路要走，除了要培养学生的阅读习惯外，还要改变父母和教师的思想。唯有文学，才能走得更远。"全民阅读"和"终身学习"是当今时代对每一位国民的新需求。在中小学开展读书活动，是一项利国利民的事业。要使中学生读书成为一种共识，就必须在中学生中间营造一个好的读书环境，从而使"书香校园"

成为现实。

一、中学生阅读推广活动的策划

中学时期是人生的黄金时期，它将对人的价值观、世界观的形成产生深远的影响。书籍能够给人提供多种选择：生命的选择、思想的选择、生活的选择，书籍里有各种各样的人生。因此，通过阅读推广活动，激发中学生的阅读兴趣，引起家长及老师等对阅读的重视，从而形成良好的阅读氛围。

（一）策划的基本原则

1. 具有较高的可操作性

在计划中，必须要充分地考虑到它的可行性，并且要做到切合实际，不然，即使计划得很完善，但没有实践的可行性。特别是以中学生为对象，应充分利用他们的空闲时间，他们的活动场地，组织人员，合理预算，没有合理的规划方案是难以实施的。

2. 高参与性

规划不但要具有操作性，而且要便于参与，无论是在设计过程中，还是在时机上，都要使所有感兴趣的人都能轻松地参加。特别是对于持久的宣传，要有机会在任何时候都参加。所以在制定规划时，要注意活动内容的层次，互动环节等的设计和掌握。在课程设置方面，应注意学生的业余学习时间，避免诸如高考等特定时段。

3. 灵活性

在执行的时候，要及时地对各种计划进行调整，以满足不断变化的环境。在制订计划的时候，就算想得再周到、再完善，在执行的时候，也不可避免地会出现一些不可控制的因素，这就需要有弹性，能够对不同的意外状况做出反应，保证各项赛事的顺利开展。

（二）策划的内容

1. 主题新颖

活动主题是策划方案中的关键。一项阅读推广活动能否成功，效果如何，都与活动主题有很大的关联。新颖、鲜明的主题，既要融入活动的目的，体现内容的新颖，又要能刺激大众，让大家有眼前一亮的感觉，进而激发起大家的好奇心与参与热情。

2. 内容丰富

阅读推广活动的策划，在主题鲜明的前提下，更要有丰富的活动内容，才能吸引大众参与其中，并获得良好的活动体验。围绕某一主题，可以设计相关知识讲座、知识演讲、沙龙座谈、交流分享、创意互动、竞赛奖励等。只有获得学生的认同感，才能调动学生的积极性与参与热情。

3. 形式多样

现代的中学生是随着网络的蓬勃发展成长起来的，他们基本人手一部手机，随时随地获取需要的信息，利用零碎时间进行阅读更便捷，所以越来越多的中学生倾向于数字阅读。因此，在策划阅读推广活动时，一方面充分利用学校的场地、家庭的氛围、图书馆的资源以及学生自由的时间等策划相关的活动；另一方面也要充分利用线上功能，结合学生的阅读特点，引导中学生利用零碎时间进行有效阅读，逐渐养成良好的阅读习惯。

4. 预算合理

每一项策划的顺利执行，经费预算是不可忽略的组成部分。在计算活动成本时要做到事无巨细，一定要考虑充分、全面，将所有费用包括前期宣传推广、实施现场、活动善后等都思考清楚后再进行计算，切记不要有遗漏。只有明确了活动的整体预算，才能够有侧重性地开展活动，从而最大程度保证活动的效果。否则，预算太少会制约项目的实施与效果；如果预算太大，势必会造成不必要的浪费，影响策划最终的效果与评估。

（三）策划中应考虑的几个方面

中学生阅读推广活动旨在培养学生良好的阅读习惯，引导学生读好书、好读书、善读书，扩大学生的知识面，丰富学生的课余生活。

1. 利用图书馆的资源与平台

阅读推广活动要充分利用学校图书馆平台与资源，借助图书馆的力量推广活动。此外，少年儿童图书馆作为未成年人社会教育的重要基地，是少年儿童课外阅读和自学的主要场所，对学校教育起着补充、延伸、深化的作用。少年儿童图书馆要积极作为，与各中小学校开展紧密合作，共同开展阅读指导、信息素养教育，积极开展图书推介、讲座、展览等活动，精心设计和组织内容鲜活、形式新颖、吸引力强的读书活动，吸引未成年人走进图书馆、利用图书馆。阅读推广活动，要借助图书馆的专业特长，丰富自身的活动内容。

2. 获得老师的配合与参与

在校园阅读推广活动中，不可忽视老师的作用。老师是学生最直接的接触者，了解学生的基本情况与阅读需求，老师的参与可以使阅读策划更容易得到学生的认可与参与。老师对阅读推广活动的重视程度，也将影响策划的最终实施与效果。

如果一项阅读推广活动中，老师是其中的实践者之一，引导学生掌握科学的阅读方法，创建阅读实践平台，将有助于学生阅读习惯的培养以及阅读能力的提高，更有助于使书香弥漫在校园的每个角落，形成自觉读书的良好风尚。

3. 争取家长的支持与理解

当前繁重的课业负担，巨大的升学压力，让不少家长认为与升学无关的课余阅读，都是在浪费时间。因此一项阅读推广活动，要选择适宜的活动时间，控制活动时长，尽量避免如考试前组织活动，最大可能得到家长的理解与支持。虽然阅读推广活动不能立竿见影呈现明显的效果，但要让家长逐渐认识到阅读的重要性，认识到良好的阅读习惯将是孩子一生的良师益友。可以通过演讲、讲座、亲子活动等形式让家长参与到阅读推广中，与孩子共享阅读的快乐，如共读一本书等。

4. 征求学生的意见与建议

阅读推广方案能否顺利实施，关键在于学生是否认可并积极参与。在制定阅读推广活动方案之前，进行学生调研是必要的，了解学生的阅读需求、喜欢的阅读形式等，从中提炼出一些可行性意见用于青少年阅读推广活动，真正做到以中学生为中心。在此基础上，制定并不断完善阅读推广的方案，才能保证方案切合实际，切实可行，激发中学生的兴趣。

综上所述，中学生阅读推广活动的策划要结合学生的特点，考虑学生的时间段，以内容丰富、形式多样、创意新颖等，吸引学生参与其中。阅读推广策划中，切忌脱离实际，闭门造车，以及过分夸大阅读推广活动的一次性作用。现在倡导全民阅读，鼓励社会力量参与其中，中学生阅读推广活动中，也可整合社会资源，引入社会力量，提升活动的社会影响力。

二、中学生阅读推广活动的实施

一个阅读推广方案成功与否，实施过程是重要的组成部分。良好的组织与实施，是策划方案实现预期目标最大化的关键。在活动实施前，一定要对参与人员、嘉宾等确认活动细节，并做好宣传推广工作，让更多人关注活动。同时，也要做好各项应急处理预案，一且有突发事件发生，能够积极应对，妥善处理。

（一）实施前的筹备工作

1.制定活动时间规划表

在活动实施之前，要制定活动排期规划表，只有活动排期规划表制定得科学合理、切实可行，才能够使活动有条不紊地进行。这就需要了解活动的步骤，如准备阶段、策划阶段、宣传阶段、实施阶段等。在制定活动排期规划表时，要注意为突发事件留有足够的空余时间。时间排期规划表为活动实施提供一个参考，但不可僵化执行，要根据实际情况时时进行调整。

2.核对活动细节

每项阅读推广活动实施前，要不断明确、细化、核对活动细节，包括人员的安排、物料的进度、现场道具的准备、嘉宾的时间以及场地等。核对活动细节是一项非常烦琐的工作，需要工作人员具备统筹全局的思维，将活动的方方面面都考虑到位，并提前通知相关人员，只有这样才能在活动正式开始时不出现纰漏，保证活动顺利进行。

3.与各方人员确认预约

在做好活动的各方面工作后，作为活动的发起者，最重要的一个环节就是与活动的各方人员确认预约，确认他们届时到达活动现场。如对老师的邀约，对家长的邀约，以及对社会人士的邀约等。在与各方确认时，一定要言简意赅，重点事情重点提醒，明确活动的时间、地点、对方需要负责的事情等。这样确保各方人员按时到场，使活动能够顺利进行。

4.活动前的宣传推广工作

活动方案制定后，要在推广对象中积极宣传，营造一定的声势，吸引大家的注意力。简而言之就是要想尽办法将活动信息告诉受众，进而最大限度地吸引有意向的人群来参与。针对中学生特定群体，可以利用班级会议、图书馆平台、校园媒体平台、网络等途径，让活动信息尽可能推送出去，让感兴趣的人在第一时间能参与到活动中来。只有这样，才能确保活动达到预期的效果。

（二）具体实施步骤

1.现场活动前的准备

在一项阅读推广活动开始前，首先，要确认物料、现场道具、宣传材料等是否到位；

其次,推广活动中要充分考虑参与者的舒适度,要设置茶水间等后勤保障区域,为活动参与者提供一个休息的地方;最后,在活动前,一定要与消防和安保部门进行沟通,从专业的角度,为活动现场设置安全绿色通道。

2. 现场的组织

首先,将服务人员和参与人员进行区分。让服务人员统一着装,佩戴挂牌,让服务人员拥有一定的辨识度,这样不仅让参与者一目了然,知道活动的服务人员在哪里,而且也能让参与者感觉到主办方的专业。其次,明确活动流程,以及邀请嘉宾是否能如约到场。确认好活动的开始时间、活动流程、互动环节、何时结束等。做好现场的协调与沟通工作。最后,做好参与人员的信息登记。活动前,应将活动登记处设在明显的位置,方便参与者入场时看到并主动登记。

3. 各方的协调

活动过程中,要随时做好举办方、参与者、嘉宾、合作方、媒体等多方的协调与沟通,如嘉宾致辞环节的设计、活动内容的主次穿插、现场秩序的维护与协调、媒体的拍摄与投放等。良好的组织与协调,有利于保障活动现场的井然有序,保障活动的宣传与推广。

4. 活动的收尾

活动结束后,要通过一定的方式对参与者进行调研,如对本次活动的看法,以及建议和意见,为后续活动的开展提供借鉴。同时,要注意安排嘉宾的送场、参与者的安全离场,做到有始有终。其次是现场道具、物料的拆除与运离。最后是场地卫生的清洁与整理。只有做到善始善终,才能算是一项活动的圆满结束。

(三)不可控因素的发生与应对

一场活动,尽管会在举办之前做好各种准备,但还是难免会发生这样或那样的意外情况,而且对危机事件处理的速度也影响着活动参与者对活动的观感。因此,对危机事件的应急处理十分重要。当发生危机或者突发事件时,要第一时间有人积极沟通、解决问题。

1. 时间更改

在活动中,时间尤为重要,但往往会因为一些不可抗因素改变活动时间,我们必须做好活动时间调整的应急预案,想好在预期的活动时间外,还有哪些时间适合举办活动。同时,一旦活动时间更改,就要想好更改活动时间的理由,并提前做好宣传与沟通工作,让关注活动的人群知道时间的更改,从而确保活动的正常进行。

2. 场地更改

举办活动时，因为一些客观或者其他因素，造成原定活动场地不能使用。在活动前准备两块场地，一块作为主场地，一块作为备用场地。一旦其中一块场地因为意外无法开展活动，马上转到另外一块场地开展活动。但要注意活动场地要设置合理，从而确保活动的有序进行。另外，还要注意两块场地之间的距离，两者之间的距离要尽可能地短，这样才能争取充足的转场与布展时间。

3. 人员变动

在活动准备期，应针对活动不同的岗位，设定多人参与。这样，一旦活动中有人因故无法参与时，他人顶替时也不会感觉陌生，无从入手，但活动的总体调度岗位并非任何人都可胜任。

4. 物料应急

活动执行过程中，如遇到活动设施被损坏、活动幕墙被覆盖等意外情况时，这就要求物料要有适当的备份，一旦意外发生，可以在第一时间用备份的物料进行替换。同时，一定要便于更换，这样才能确保活动原有物料出现意外后，能够及时更换备用物料。当然，也要考虑经费问题，要尽可能地废物利用，缩减成本，避免浪费。

5. 后勤保障

活动后勤包括工作人员、参与人员等的交通、供电、消防、保洁、财务等方面。后勤保障最重要的是提前规划，将堵车、饮水等问题考虑到位，进而想出相应的对策，从而确保后勤保障能够万无一失，让活动的参与者拥有良好的体验。

6. 安全保障

在活动现场，要针对有可能发生的一系列状况想好应急对策，如车辆引导、安全疏散、设备保障等。一定要确保不留死角、落实到人、各司其职，最大限度地将活动现场可能发生的不安全概率降到最低。最重要的是，在突发事件来临时能够保持头脑冷静，积极应对。

三、中学生阅读推广活动的效果和评估

阅读推广活动要讲实效，不能停留在排场、场次、参与人数等表面指标上，有没有实效，参与者说了算。王波等认为，评价阅读推广活动的效果，关键在于读者的阅读收益和满意度，但这两个指标都不易量化。同时，我国阅读推广效果评价的理论层面和实践层面均有不足，国内研究阅读推广效果的文献量少，并且大部分都是作为总结性文字，缺少有意义的、成体系的阅读推广效果评价指标。中学生阅读推广活动，虽以中学生为主，但不可避免地受到教师、家长、学校等多重因素的影响，实践过程中缺少系统、科学的理论体系的支撑与指导，更为阅读推广活动效果的评估增加难度。

当然，中学生阅读推广的受众群体相对较单一，地理范围也相对有限，因此在实施效果评估时，具有操作性强、回访容易等特征。但鉴于中学生阅读推广尚未形成完整的评价指标体系，本书将着重从以下几个方面对阅读推广活动的效果进行分析。同时也希望能够引起广大同人的关注，为阅读推广实践提供有效的阅读推广评价指标体系。

（一）预期目标的实现

每项阅读推广活动，都设有预定的目标以及一定的实现期望。活动结束后，要评估宣传口号是否吸引人、活动内容是否受欢迎、推荐书目是否合用、是否节约经费和人力、是否影响其他事宜等。通过一系列指标的考核，对比预期目标与实际效果，最终评估活动是否最大化实现预期目标。

（二）参与群体的反馈

一项完整的阅读推广活动，都应通过活动现场发放问卷调查、评价表以及活动结束后的回访等环节，从参与者的角度评价阅读推广效果，及时了解参与者的需求与愿望，以及对活动的意见和建议，以期在后续的活动中不断完善和提升，让活动内容更好地满足读者需求，让活动形式更喜闻乐见，更好地提升活动的社会效益与影响力。

（三）媒体的宣传与报道

阅读推广活动的开展，从活动前的宣传与推广直到活动的结束，都离不开媒体的宣传报道。活动现场及后续媒体的关注与报道，在一定程度上可以反映活动本身是否吸引大众的眼球，引起大众的兴趣。媒体报道的数量、报道的深度以及报道媒体的权威性等，都是阅读推广活动成功与否的一项重要评价指标。

（四）突发事件的应急处理

在进行阅读推广活动时，每个环节都有不确定因素。对突发事件的应急处理，直接影响着阅读推广活动能否顺利进行。如时间、人员、场地、物料、后勤以及其他突发情况等，是否能够得到及时的应对与处理，并做好后续的跟进与最终解决等，都直接影响着活动的整体效果以及参与者对活动本身的认可与支持。

（五）活动是否可持续性发展

针对中学生的阅读推广活动，主要是激发学生的阅读兴趣，引导中学生养成良好的阅读习惯。这些都不是一蹴而就的，需要循序渐进，长期坚持。因此，阅读推广活动的可持续性非常重要。阅读推广活动结合学生的特点与关注的热点，不断延伸与拓展，开阔学生的视野，激发学生的热情与兴趣，进而引导学生深入阅读，让阅读真正成为其一生的良师益友。

（六）实施中存在的不足

活动结束后，在对整体活动效果等进行评估时，不仅要总结经验，还要吸取教训。活动中良好的经验，要加以总结并提炼，可为日后活动提供参考与借鉴。活动中暴露出来的不足之处，要理清并认识到是哪个环节的问题，以便在后续活动中得以改进与提升，让活动精益求精。

第四节　课外阅读优秀图书助力中学生健康成长

一、选择好书进行阅读

莎士比亚指出，书籍是全世界的营养品。生活里没有书籍，就好像没有阳光；智慧里没有书籍，就好像鸟儿没有翅膀。对于中学生来说，阅读是接受新知识、获得新信息的重要途径，同时也是提高思维水平、学习能力、陶冶情操、提高修养的有效方式。

（一）阅读优秀图书是人生的一种享受

英国著名历史学家麦考莱曾给一个小女孩写信说："如果有人要我当最伟大的国王，一辈子住在宫殿里，有花园、佳肴、美酒、大马车、华丽的衣服和成百的仆人，条件是不允许我读书，那么我宁愿做一个穷人，住在藏书很多的阁楼里，也不愿当一个不能读书的国王。"在麦考莱看来，阅读实在是人生的一种享受。

初中语文阅读能力培养的研究

书籍，是有史以来人类共同创造的精神财富，是永不枯竭的智慧源泉。好书是一封出席各种场合、体验各种生活、结识各种人物的邀请函，一张迈进科学宫殿和未知世界的入场券，一股改造自己、丰富自己的强大力量。读好书是一种乐趣，一种情操，一种向全世界古往今来的伟人和名人求教的方法，一种和他们展开讨论的方式。

教育学家们通过研究惊讶地发现，一种普通、平凡的阅读活动，竟会有一种"魔力"。阅读可以让人知道所不曾知道的，想到所不曾想到的，看到所不曾看到的。它增长人的智慧，陶冶人的性情，净化人的心灵。通过阅读，众多的读者可能会为一人所见所思所感染，产生共鸣；通过阅读，今人可以与前人对话，我们可以与远隔重洋的陌生人娓娓交谈。阅读可以使人们生活得十分自在，十分充实和满足！

英国学者杰·卢伯克所言："我们静静地坐在篝火旁读书的时候，思想会飞到极其遥远的海角天涯，看到斯宾塞无形之空灵的羊群，而弥尔顿的安琪儿给我们衔来天堂的合唱以及科学、艺术、文化、哲学的清音。人类所有的思想、作为，人类经过千千万万年痛苦的磨难所获得的经验都在书的世界里给我呈现出来。"

书的魅力如此之大，以至于阿拉伯启蒙大师马德丰这样赞美说："在孤独的时刻，图书是你最好的朋友；当你漂泊异乡时，它又是你的知交。"在国外，目前书籍已经作为一种无苦味的"药物"，用于对病人的辅助治疗，这种治疗方法被称为"书籍疗法""阅读疗法""精神疗法"。科学研究已证明：阅读有助于病人克服无聊、沮丧、消沉的情绪，从而有益于病人身心的康复。

对于读书的意义，人们还有更多的形容。有人说，读书恰如游览迷人的宫殿，一旦入得门去，但见金碧辉煌，曲径通幽，这时，你只剩下探幽索隐的执著，却再也没有回头的念头了。有人说，读书犹如遨游大海，一旦跳了进去，里面是无边无际，无垠无涯，再想往后退几乎是不可能的，剩下的便只有奋臂搏击的份儿了。人们常常以为成天钻书的人，生活就会犹如苦行僧一般。其实不知这苦中也有乐。比如，古人就留下一个"汉书下酒"的故事。

宋代诗人苏舜钦住岳父家中，每晚读书，总要饮酒一斗。岳父好生奇怪，有一天晚上去看他，只见他正读《汉书·张良传》。当读到"良与客狙击秦皇，误中副车"时，拍案叫道："惜乎击之不中！"即满饮一杯。又读到张良对汉高祖说，"此天下以臣授陛下"时，又击案叹曰："君臣相遇，其难如此！"于是，又一饮而尽。岳父见此情景，笑着说："有如此下酒物，一斗诚不多也。"

可见，阅读的魔力是多么的巨大，它能使人如醉如痴。

（二）阅读能丰富人的知识，开阔人的视野

每个人都时时需要知识，因而时时都需要阅读。每个人所需要的知识是那么的广博，没有哪位全能的导师可以完全指点，因此，只有请教记尽古今事的书籍。在书中，有人学到健康知识，有人云游世界，有人获得相夫教子的诀窍，有人领略到修身齐家的道理。大到确定人生观，小到一个字的含义，远到仓颉造字的故事，近到昨天的体育赛事，无一不在书本的范围内，无一不能从阅读中知晓。

阅读图书不仅可以从中获得知识，而且可以开阔人的视野。

俄国著名作家车尔尼雪夫斯基说："文学作品可以让人从愚昧中解脱出来，文学作品可以让人从粗俗和粗俗中解脱出来。"不错，书籍，不管是高尚的，还是普通的，都应该是有益的；不管是专心研究，还是随手翻阅，都能让你获得更多的知识和更广阔的眼界。另一位哲学家也说了类似的一句话："历史让我们变得聪明，诗词让我们变得精致，数学让我们变得严谨，我们的科学让我们变得深邃。道德使人严肃，而逻辑的修辞则使人善于辩论。每一次学习，都会变成一个人。"这一段的意思是：好读书，博学多才能成为智慧、精致、细致的人；庄重，善辩，才能在其一生中不出或少出差错。

书籍是人们最忠诚的伙伴，它让我们了解生活，感悟真实的世界，了解做人和做事的真谛。读书越多，学问越多，世界观、人生观就越不同，品德修养也就越高。持续的读书，会让你对生命有更多的感悟，也会更了解生命的意义。

只有在读书的过程中，人们才能扩大自己的视野，经过大量的读书，才能真正地将所学的东西运用到实际工作中，并通过实践来验证其是否正确。这样，你的眼界就会变得更广，见识也会更广。

（三）读书可以打开初中生智力的大门

初中同学，你有没有想过，浩瀚的星空，你是从哪里来的；在这浩瀚的人群中，你是哪一群。漫长的岁月里，你的身影又是什么时候。生活很复杂，你会遇见各种各样的人和事情。要爱读书，要善读书，才能在生命之路上找到一盏明灯，增长自己的才智。读书可以打开你的智力之门。

人具有各方面的潜力，智力是人类最大的潜力，而开发这种潜力的最好方法就是读书。看书，其实也是一种思考的过程。在你专心读书时，你在思考，在想象，在判断，在推理。"大部分时候，只有5%的人是在看书的时候花在了眼球上，剩下的95%都是花在思考上。"

读书的成效还与你所想的情况有直接的关系。一方面，在读书时训练你的逻辑思维、抽象思维和形象思维，让你能够对概念有一个准确的认识与运用，做出恰当的评判，同时还具有丰富的想象力；培养好的思考方式，激活思维。相反，阅读可以加深人们的思考，激发人们对种种现象的探究与剖析，达到"借物取物"的目的；这就是他的智慧之门。

我想你们一定会有这种深刻的感受，在读马列主义名著的时候，你能学习到马克思主义的立场、观点和方法。在阅读自然科学和史学作品的过程中，可以接受辩证唯物主义和历史唯物主义的熏陶。而通过文学艺术的学习，既能提高学生的政治意识，又能提高学生的道德素质，以及学生的审美能力。通过读书，你能得到启迪，能被艺术意象所影响。

只有通过阅读，才能使中学生的作文达到更高的水准。许多中学生对写作恐惧，对如何提高自己的写作能力感到苦恼。然而，他们却不知道，只有通过阅读，才能使中学生的作文写得更好。

什么是阅读？阅读是一种汲取。何为文字？书写是一种表现。有的学生因为缺乏足够的语言基础和写作能力，因而在写作上备受煎熬。要使中学生的作文能力得到切实的提升，就必须掌握好阅读这一"流"，而不能离开人生的"源"。虽然"流"无法取代"源头"，但是"源头"是源头的"折射"与"反射"。

古往今来，多少文人墨客对此都有亲身经历，并给我们提供了丰富的经验。正如孔子所说的"不学诗，无以言"，杨雄"能读千赋，自能为之"，杜甫"读书破万卷，下笔如有神"等名句，都是对此的总结。若能将其分解，则阅读之于书写之重要性便一目了然了。

中学生学习写作，常常受激情有余而义理不足的困扰，广博而深入地阅读，的确是排除这种困扰的方法之一。在写作中，要真的能达到情真意切，语言畅通无阻，平时就必须积累丰富的知识。只有多读书、勤思考，悟出文中的道理，写作时才能得心应手。

事实上，读书对写作的影响更多的是潜移默化，它从知识、阅历、精神品格、情操素养等多方面影响、感染着一个人。当这个人在生活实践中有所触发而要提笔写作的时候，这些潜在的东西就会潜滋暗长起来，从不同方面助写作一臂之力，好文章、好作品也许就这样诞生了。

二、从课外阅读中获得精神食粮

书籍是知识的海洋，是智慧的源泉。学会在书海泛舟，将使中学生得到思想的开悟、知识的熏陶、智慧的修炼。因此，每一位中学生都应当善于阅读，掌握科学阅读方法，克服不良的阅读习惯。

（一）勤于课外阅读，补充精神食粮

中学生的课外阅读是整个教育活动中十分重要的组成部分。课外阅读不仅能扩大中学生的知识面，而且能使中学生课内所学知识得以巩固、深化；通过课外阅读，中学生不仅能从中获得知识的补充，而且还能开阔视野，陶冶情操，全面提高文化素质。

一般而言，在中学阶段，从教科书上你仅仅学到了最基本的知识，或者说它仅仅为你的进一步打下了基础。要学的知识还有很多，这就需要进行大量的阅读。除了读课本以外，也读《黑猫警长》，读《数理化自学丛书》，读《约翰·克利斯朵夫》……因为你的课程学习需要有课外阅读的辅助，因为你面对的世界是那么浩瀚，你所需要的知识远不止语文、数学和其他课本所提供的。

近年来，片面追求升学率之风愈演愈烈，中学生的课业负担也变得愈来愈重。中学生除需要掌握课内所学知识外，课外辅导名目繁多，许多中学生也认为：中学生只要完成好学业，外加学一门专长，就有把握进入重点学校，考大学也就有希望了……由此，许多中学生被迫变为课本和分数的"奴隶"，从而引发劳动意识淡漠，体育活动无用等问题，课外阅读更成为"被遗忘的角落"，真是莫大遗憾！对课外阅读的作用认识不足，是许多中学生认识上的偏差。中学生以学业为主是正确的，但忽视课外阅读就顾此失彼了。

在这里，我们还要特别强调一下优秀文学作品的价值与意义。

完全可以这么说，优秀的文学作品是开启中学生心灵的钥匙。它对于培养中学生的道德情操，提高他们的思想、文化素质，有着极其重大的作用。许多事业上有成就的人，都对优秀的文学作品在自己成长道路上的作用，留有不可磨灭的印象。一代又一代的作家，更是从书本中获得了无穷的智慧与启迪。例如，从"五四"开始，鲁迅、郭沫若、茅盾、叶圣陶、巴金等人的作品，教育了一批又一批青少年，使他们中间的不少人走上了革命之路。高尔基的《母亲》、托尔斯泰的《苦难的历程》等，都给了广大青少年巨大的激励作用。《钢铁是怎样炼成的》《古丽雅的道路》《卓娅和舒拉的故事》《把一切献给党》《革命烈士诗抄》《红岩》等等，又使广大青少年获得了进一步向上奋进的力量。

读书使人精神富有，读书让人受益终生。中学时期读好书、会读书，不仅能活化智能、开发潜能，更重要的是为今后的人生积累丰厚的知识资本。

（二）着力解决厌读书这一恶习

赵丽宏在他的文章《永远不要做野蛮人》里，不无焦虑地写道："过去，我一直担

初中语文阅读能力培养的研究

忧，今天的中学生，课外读物的面愈来愈狭窄，能够供他们读书的机会也愈来愈小，许多人对文学经典作品失去了兴趣，也失去了读书的愿望。至于那些不涉及到教学和考核的书籍，就更不用说了。这是一种既令人忧虑又令人悲伤的现象。"初中生不爱读书已经是一个非常让人担心的事情了，与电子设备（特别是互联网）一起成长起来的初中生，不仅读书的次数越来越少，读书的空间越来越小，"读图时代"的到来，让他们的读书热情越来越低，很多初中生都产生了拒绝书写的不良习惯。他们的业余生活被电影、视频游戏和动画片所填满，而语言仅仅是他们读书的一部分。

很多教育界人士表示："现在年轻人对于语言的漠不关心，就象看不见的水，正在缓慢地渗入整个社会。一旦养成了不读书的习惯，孩子的读书水平就会急剧下降，这会对他们的发展造成很大的负面影响。"

教育专家们相信，多读书就可以培养一个人的思维，那么，中学生应该怎样去改正自己不爱读书的毛病呢？为了实现这一目标，教育专家们有几点建议：

1. **关闭电视机，开始看书**

那是来自美国的理查德的一封诚挚的忠告。所有的证据都显示，正是因为有这样的原因，才导致了中学生对书面语言的漠视。可以说，现在的孩子们，正在被电视剥夺着他们的宝贵读书时光。电视始终发挥着主导大众思维的作用，而人们自觉或不自觉地被其引导。在带给人以视觉享受的同时，也在无情地消磨着人的光阴。所以，高中生应该坚决地摆脱对电视的依赖，把自己置身于读书的天地中。

2. **体会语言独特的韵味**

网络虽然突破了时间和空间的限制，使我们的生活变得方便，却也使语言变得陌生；这就不可避免地使我们丧失了对字里行间所蕴含的深刻韵味的鉴赏能力。读书给人一种亲切的感觉，让人觉得更加真实。当中学生安静地读书，怀着平静的心情漫步于文字之间，便会发觉自己已在不知不觉中步入了一个醉人的殿堂，那种奇妙的意境，使自己留恋不已。

3. **制定读书方案，研读古典名著**

在充分认识到自己的爱好后，要精心制定读书方案。古今中外的名著，应该是我们的第一选择。在诵读古典名著的过程中，将自己的思想和大师进行交流和碰撞，深刻地体会其中蕴含的意义。要想培养一个爱看书的好习惯，首先要创造一个适合阅读的环境。

（三）让阅读成为课外生活的享受

初中阶段的学生在繁忙的学业结束后，必须要得到充分的休息，以更好的状态迎接新的任务。而在诸多休闲娱乐的方式中，没有什么比读书更彻底、更容易、更持久的了。翻开一卷好书，身心都能得到充分的休息，心灵也能沉浸其中。可以说，读书是让学生身心愉快的最好方式。在课程演练结束后，您可以通过阅读来调整自己的情绪，您可以在学习的时候休息，也可以在阅读中休息。

有些优秀的中学生就是从读书中得到乐趣的。而有的学生因为没有形成好的读书习惯，所以对某些书籍并不感兴趣；要想继续提高自己的读书兴趣，就必须要提高自己的学习能力。相关的专家们推荐您最好采用以下方式。

第一，在你没有看过前面的内容之前，你最好先把它看完，然后再继续看下去，这只是你自己的想法。

第二，正确的阅读方式能够有效地促进学生的学习，在学习的方法上，真实的阅读，不一定要按照特定的格式去读，而是要能够自由地去做；只看你想看的章节，忽略那些你不想看的章节。按理说，有的书可能有数百页那么多，但他所要看的内容不多，只要看上十几页，他就能明白这位作家的观点，而不是看一本枯燥乏味的书。

第三，别老想着看书，就像做作业一样。如此一来，就有了一种逆反的心态。一般来说，最好的方法就是别让自己硬去看，而要将它当成一种消遣，一种娱乐，从而体验到一种乐趣，而非单调的工作。

新时期的中学生，具有较强的学习欲望和求知欲望；在一个人的一生中，阅读一些好的书籍，可以帮助你更好地了解社会，拓宽你的视野，增强你分析和解决问题的能力，并建立良好的世界观。

参考文献

[1]柴俊飞. 初中语文高效课堂教学与作业布置研究[M]. 长春：吉林人民出版社，2021.

[2]陈华. 人间有草木澄澈见本心[M]. 福州：福建教育出版社，2022.

[3]陈丽，邬元萍. 初中语文教学与课堂策略研究[M]. 长春：吉林人民出版社，2021.

[4]陈丽云. 初中语文延伸阅读教学的探索与实践[M]. 长春：东北师范大学出版社，2020.

[5]程载国. 由理解到创造：中学生阅读力的有效提升[M]. 宁波：宁波出版社，2020.

[6]戴月. 初中语文审辩式阅读教学案例汇编[M]. 长春：东北师范大学出版社，2022.

[7]费巍，王余光，霍瑞娟. 中学生阅读推广[M]. 北京：朝华出版社，2022.

[8]郭威. 初中语文教学的实践和思考[M]. 长春：吉林人民出版社，2022.

[9]黄丽玉. 初中语文教学知与行[M]. 上海：同济大学出版社，2022.

[10]黄顺平. 初中语文讨论课模式[M]. 武汉：华中科技大学出版社，2021.

[11]李亚峰，牛庆国，张幼良. 初中语文古代文学经典导读[M]. 上海：上海交通大学出版社，2021.

[12]罗振宇. 阅读的方法[M]. 北京：新星出版社，2022.

[13]马艳林，戚明亮. 文化传承视角下的初中语文教学课例[M]. 徐州：中国矿业大学出版社，2022.

[14]马宗义. 中学语文阅读教学与课堂教学改进策略研究[M]. 长春：吉林人民出版社，2021.

[15]邱源，徐方. 阅读潜能[M]. 北京：中国国际广播出版社，2020.

[16]任汝茂. 培养孩子的阅读力[M]. 沈阳：万卷出版有限责任公司，2022.

[17]王化兰. 素养导向的深度阅读[M]. 长春：吉林大学出版社，2022.

[18]王艳艳. 新媒介背景下初中语文阅读教学实践研究[M]. 长春：吉林大学出版社，2021.

[19]谢圣国，刘舸. 阅读的学问[M]. 北京：光明日报出版社，2023.

[20]张超. 阅读与写作[M]. 汕头：汕头大学出版社，2021.

[21]张晓琳. 初中语文读写结合教学策略研究[M]. 长春：吉林人民出版社，2020.

[22]张雪霞. 教学反思构建初中语文有效课堂[M]. 长春：北方妇女儿童出版社，2020.

[23]周永福. 零距离语文：初中语文探索与实践研究[M]. 长春：吉林人民出版社，2021.